Ivan Koesjnir

Economie van Noord-Afrika

Serie "Economie in landen"

eerst gepubliceerd: 2021
laatst bijgewerkt: 2021-02-02

Ivan Koesjnir. Economie van Noord-Afrika. Serie "Economie in landen". - 2021. - 71 pages.

Dit boek over de economie van Noord-Afrika van de jaren 1970 tot de jaren 2010. Brongegevens uit UN Data.

Grootte. In de jaren 2010 was het bruto binnenlands product van Noord-Afrika gelijk aan US$712,8 miljard per jaar; de waarde van de landbouw was US$88,4 miljard; de waarde van de industrie was US$212,1 miljard.

Productiviteit. In de jaren 2010 bedroeg het bruto binnenlands product per hoofd van de bevolking $3.219,8, de waarde van de landbouw per hoofd $399,3, de waarde van de industrie per hoofd $958,1. Omdat de productiviteit minder gemiddeld onder het gemiddelde ligt, wordt de economie geclassificeerd als minst ontwikkeld.

Groei. In de jaren 2010 bedroeg de groei van het bruto binnenlands product 1,6%; de groei van de landbouw was 3,3%; de groei van de industrie was -3,0%.

Structuur. In de jaren 2010 omvatte de economie van Noord-Afrika: industrie (30,7%), diensten (27,7%), handel (13,8%), landbouw (12,8%), vervoer (8,7%) en constructie (6,3%).

Uitvoer en invoer. In de jaren 2010 was de invoer 22,4% hoger dan de uitvoer, de netto-invoer was gelijk aan 6,0% van het BBP.

Consumptie en reproductie. De houding van reproductie ten opzichte van de consumptie is niet beter dan het mondiale gemiddelde, dus het aandeel van het BBP in de wereld zal niet toenemen.

Serie "Economie in landen": parallel.page.link/nl

ISBN: 9798701847819

Inhoud

Part I. Grootte

	de jaren 2010	
BBP	US$712,8 miljard	
Het aandeel in de wereld	0,92%	
Het aandeel in Afrika	30,8%	

Hoofdstuk I. Bruto binnenlands product

Het bruto binnenlands product van Noord-Afrika steeg van US$60,0 miljard per jaar in de jaren 1970 tot US$712,8 miljard per jaar in de jaren 2010, dat wil zeggen met US$652,9 miljard of 11,9 keer. De verandering vond plaats op US$478,3 miljard als gevolg van een 3,0-voudige stijging van de prijzen, en ook op US$96,9 miljard als gevolg van een 1,7-voudige toename van de productiviteit , evenals op US$77,6 miljard als gevolg van de toename van de bevolking. De gemiddelde jaarlijkse groei van het bruto binnenlands product is 3,6%. De minimumwaarde van het bruto binnenlands product bedroeg US$24,7 miljard in 1970. De maximumwaarde van het BBP bedroeg US$792,4 miljard in 2012.

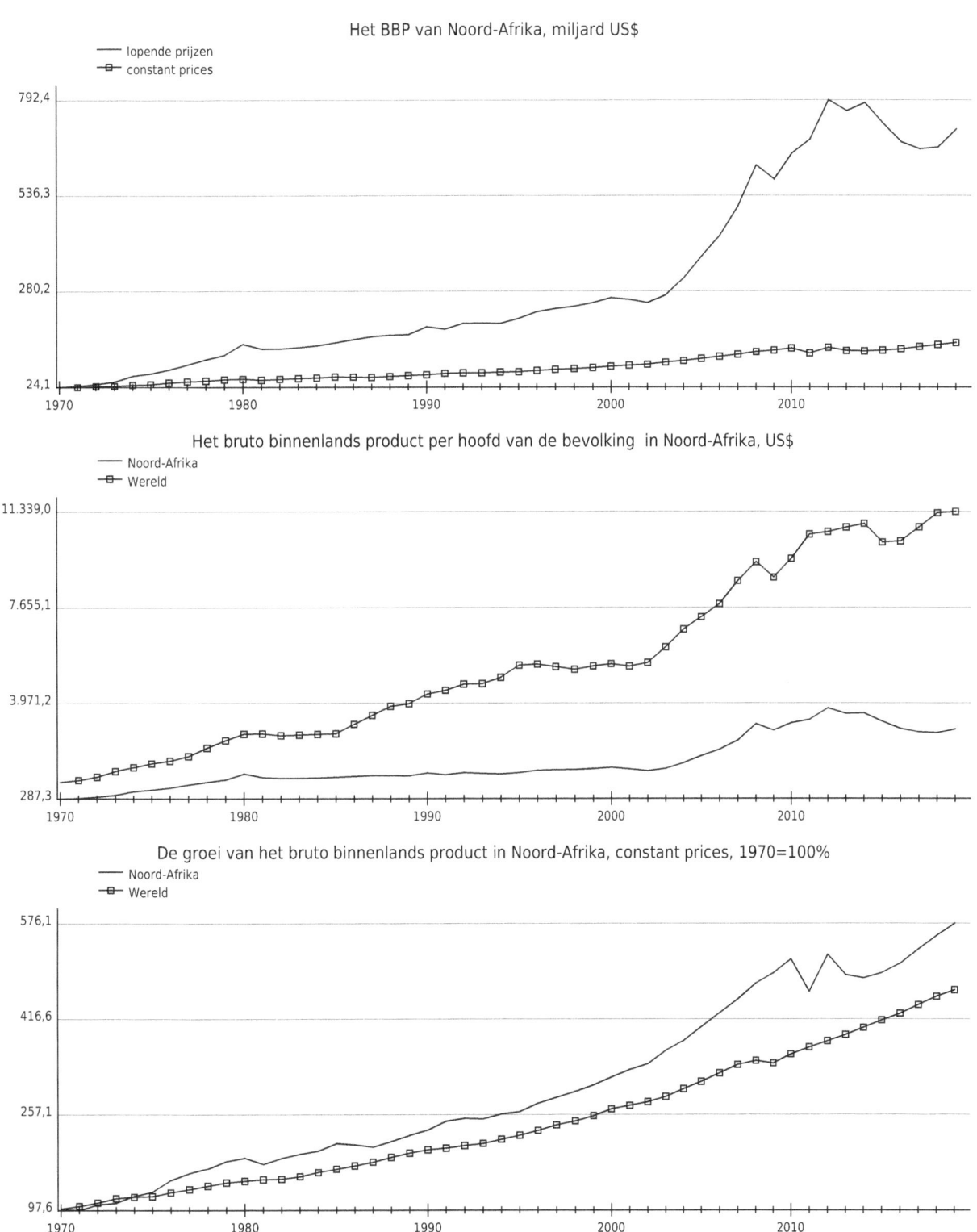

Het BBP van Noord-Afrika, miljard US$

Het bruto binnenlands product per hoofd van de bevolking in Noord-Afrika, US$

De groei van het bruto binnenlands product in Noord-Afrika, constant prices, 1970=100%

de jaren 1970

Het bruto binnenlands product van Noord-Afrika bedroeg in de jaren 1970 US$60,0 miljard per jaar, en was vergelijkbaar met Zwitserland (US$60,5 miljard), Turkije (US$60,8 miljard). Het aandeel in de wereld was 0,92%, en 22,5% in Afrika.

Het BBP van Noord-Afrika bestond uit: huishoudelijke uitgaven (52,5%), kapitaalvorming (29,8%) en overheidsuitgaven (17,9%).

Het bruto binnenlands product per hoofd in Noord-Afrika was $621,6 in de jaren 1970s, en was vergelijkbaar met de Marshalleilanden (US$636,0). Het BBP per hoofd in Noord-Afrika was in 2,6 keer lager dan het bruto binnenlands product per hoofd van de bevolking in de wereld ($1.620,8), en was 4,1% lager dan het bruto binnenlands product per hoofd van de bevolking in Afrika ($1.620,8).

De groei van het BBP in Noord-Afrika bedroeg 6.7% in de jaren 1970, en was vergelijkbaar met Ivoorkust (6,7%). De groei van het BBP in Noord-Afrika (6,7%) was groter dan de groei van het BBP in de wereld (4,1%), was groter dan de groei van het BBP in Afrika (4,5%).

Vergelijking met subregio's. Het bruto binnenlands product van Noord-Afrika was groter dan in Zuidelijk Afrika (US$36,8 miljard), in Oost-Afrika (US$34,1 miljard) en in Centraal-Afrika (US$21,8 miljard); maar minder dan in West-Afrika (US$113,3 miljard). Het bruto binnenlands product per hoofd in Noord-Afrika was in Noord-Afrika groter dan in Centraal-Afrika (US$479,8) en in Oost-Afrika (US$282,8); maar minder dan in Zuidelijk Afrika (US$1.304,3) en in West-Afrika (US$949,9). De groei van het BBP in Noord-Afrika was groter dan in West-Afrika (5,0%), in Zuidelijk Afrika (3,1%), in Oost-Afrika (3,0%) en in Centraal-Afrika (1,5%).

Leiders. Het BBP van Noord-Afrika in de jaren 1970 bestond uit: Algerije (25,7%), Libië (23,0%), Egypte (22,1%), Marokko (16,8%), Tunesië (7,1%), en andere (5,3%). Het BBP per hoofd in Noord-Afrika onder de leiders: Libië ($5.299,5), Algerije ($936,2), Tunesië ($758,0), Marokko ($571,2) en Egypte ($347,3). De groei van het bruto binnenlands product onder de leiders: Libië (8,1%), Tunesië (7,3%), Algerije (6,4%), Egypte (6,1%) en Marokko (5,4%).

de jaren 1980

Het bruto binnenlands product van Noord-Afrika bedroeg in de jaren 1980 US$143,4 miljard per jaar, en was vergelijkbaar met Zwitserland (US$142,4 miljard). Het aandeel in de wereld was 0,95%, en 26,7% in Afrika.

Het bruto binnenlands product van Noord-Afrika bestond uit: huishoudelijke uitgaven (56,3%), kapitaalvorming (28,7%) en overheidsuitgaven (17,8%).

Het BBP per hoofd in Noord-Afrika was $1.136,5 in de jaren 1980s, en was vergelijkbaar met Zimbabwe (US$1.142,3), Congo-Brazzaville (US$1.124,9), Peru (US$1.164,4). Het bruto binnenlands product per hoofd in Noord-Afrika was in 2,7 keer lager dan het bruto binnenlands product per hoofd van de bevolking in de wereld ($3.123,4), en was 14,4% hoger dan het bruto binnenlands product per hoofd van de bevolking in Afrika ($3.123,4).

De groei van het BBP in Noord-Afrika bedroeg 2.2% in de jaren 1980, en was vergelijkbaar met Zuid-Afrika (2,2%). De groei van het bruto binnenlands product in Noord-Afrika (2,2%) was minder dan de groei van het bruto binnenlands product in de wereld (3,0%), was groter dan de groei van het BBP in Afrika (1,8%).

Vergelijking met subregio's. Het bruto binnenlands product van Noord-Afrika was groter dan in Zuidelijk Afrika (US$87,6 miljard), in Oost-Afrika (US$64,1 miljard) en in Centraal-Afrika (US$39,3 miljard); maar minder dan in West-Afrika (US$203,7 miljard). Het bruto binnenlands product per hoofd in Noord-Afrika was in Noord-Afrika groter dan in Centraal-Afrika (US$652,3) en in Oost-Afrika (US$394,7); maar minder dan in Zuidelijk Afrika (US$2,4 duizend) en in West-Afrika (US$1.304,2). De groei van het BBP in Noord-Afrika was groter dan in West-Afrika (0,40%); maar minder dan in Oost-Afrika (2,9%), in Centraal-Afrika (2,4%) en in Zuidelijk Afrika (2,4%).

Leiders. Het bruto binnenlands product van Noord-Afrika in de jaren 1980 bestond uit: Algerije (37,1%), Libië (20,5%), Egypte (15,9%), Marokko (13,9%), Tunesië (6,8%), en andere (5,7%). Het bruto binnenlands product per hoofd in Noord-Afrika onder de leiders: Libië ($7.767,2), Algerije ($2.405,8), Tunesië ($1.349,2), Marokko ($896,8) en Egypte ($467,9). De groei van het bruto binnenlands product onder de leiders: Egypte (7,7%), Marokko (3,9%), Tunesië (3,6%), Algerije (2,8%) en Libië (-3,1%).

de jaren 1990

Het bruto binnenlands product van Noord-Afrika bedroeg in de jaren 1990 US$210,1 miljard per jaar, en was vergelijkbaar met Oostenrijk (US$205,6 miljard). Het aandeel in de wereld was 0,73%, en 35,6% in Afrika.

Het bruto binnenlands product van Noord-Afrika bestond uit: huishoudelijke uitgaven (64,7%), kapitaalvorming (22,6%) en overheidsuitgaven (15,1%).

Het bruto binnenlands product per hoofd in Noord-Afrika was $1.315,9 in de jaren 1990s, en was vergelijkbaar met Kaapverdië (US$1.307,2), Papoea-Nieuw-Guinea (US$1.291,0). Het bruto binnenlands product per hoofd in Noord-Afrika was in 3,8 keer lager dan het bruto binnenlands product per hoofd van de bevolking in de wereld ($5.020,1), en was 57,9% hoger dan het bruto binnenlands product per hoofd van de bevolking in Afrika ($5.020,1).

De groei van het BBP in Noord-Afrika bedroeg 3.3% in de jaren 1990, en was vergelijkbaar met Oceanië (3,3%), Australazië (3,3%). De groei van het bruto binnenlands product in Noord-Afrika (3,3%) was groter dan de groei van het bruto binnenlands product in de wereld (2,8%), was groter dan de groei van het BBP in Afrika (2,4%).

Vergelijking met subregio's. Het bruto binnenlands product van Noord-Afrika was groter dan in Zuidelijk Afrika (US$150,1 miljard), in West-Afrika (US$112,3 miljard), in Oost-Afrika (US$71,8 miljard) en in Centraal-Afrika (US$45,9 miljard). Het BBP per hoofd in Noord-Afrika was in Noord-Afrika groter dan in Centraal-Afrika (US$558,2), in West-Afrika (US$551,5) en in Oost-Afrika (US$332,4); maar minder dan in Zuidelijk Afrika (US$3,2 duizend). De groei van het BBP in Noord-Afrika was groter dan in Oost-Afrika (2,8%), in West-Afrika (2,5%), in Zuidelijk Afrika (1,6%) en in Centraal-Afrika (-0,36%).

Leiders. Het BBP van Noord-Afrika in de jaren 1990 bestond uit: Egypte (29,9%), Algerije (23,0%), Marokko (17,5%), Libië (15,3%), Tunesië (8,8%), en andere (5,4%). Het bruto binnenlands product per hoofd in Noord-Afrika onder de leiders: Libië ($6.596,2), Tunesië ($2.054,5), Algerije ($1.706,7), Marokko ($1.378,2) en Egypte ($1.017,3). De groei van het BBP onder de leiders: Tunesië (5,0%), Egypte (5,0%), Marokko (2,6%), Libië (1,6%) en Algerije (1,5%).

de jaren 2000

Het bruto binnenlands product van Noord-Afrika bedroeg in de jaren 2000 US$386,0 miljard per jaar. Het aandeel in de wereld was 0,83%, en 34,6% in Afrika.

Het BBP van Noord-Afrika bestond uit: huishoudelijke uitgaven (54,2%), kapitaalvorming (27,3%), overheidsuitgaven (13,5%) en netto-uitvoer (5,0%).

Het BBP per hoofd in Noord-Afrika was $2.027,6 in de jaren 2000s, en was vergelijkbaar met Angola (US$2,0 duizend), Guatemala (US$2,1 duizend), Marokko (US$2,1 duizend). Het bruto binnenlands product per hoofd in Noord-Afrika was in 3,5 keer lager dan het bruto binnenlands product per hoofd van de bevolking in de wereld ($7.176,3), en was 65,0% hoger dan het bruto binnenlands product per hoofd van de bevolking in Afrika ($7.176,3).

De groei van het BBP in Noord-Afrika bedroeg 4.9% in de jaren 2000, en was vergelijkbaar met Oost-Timor (4,9%), Bulgarije (4,9%), Zuid-Korea (4,9%). De groei van het BBP in Noord-Afrika (4,9%) was groter dan de groei van het BBP in de wereld (3,0%), was minder dan de groei van het BBP in Afrika (5,1%).

Vergelijking met subregio's. Het BBP van Noord-Afrika was groter dan in West-Afrika (US$267,1 miljard), in Zuidelijk Afrika (US$238,1 miljard), in Oost-Afrika (US$122,4 miljard) en in Centraal-Afrika (US$100,3 miljard). Het bruto binnenlands product per hoofd in Noord-Afrika was in Noord-Afrika groter dan in West-Afrika (US$1.007,0), in Centraal-Afrika (US$904,8) en in Oost-Afrika (US$428,9); maar minder dan in Zuidelijk Afrika (US$4,4 duizend). De groei van het bruto binnenlands product in Noord-Afrika was groter dan in Zuidelijk Afrika (3,6%); maar minder dan in Centraal-Afrika (6,5%), in West-Afrika (5,8%) en in Oost-Afrika (5,5%).

Leiders. Het bruto binnenlands product van Noord-Afrika in de jaren 2000 bestond uit: Egypte (28,8%), Algerije (25,5%), Marokko (16,3%), Libië (12,5%), Soedan (9,3%), en andere (7,6%). Het BBP per hoofd in Noord-Afrika onder de leiders: Libië ($8.368,7), Algerije ($2.976,4), Marokko ($2.075,3), Egypte ($1.486,4) en Soedan ($944,3). De groei van het bruto binnenlands product onder de leiders: Soedan (7,0%), Libië (5,4%), Marokko (5,2%), Egypte (5,0%) en Algerije (3,9%).

de jaren 2010

Het BBP van Noord-Afrika bedroeg in de jaren 2010 US$712,8 miljard per jaar, en was vergelijkbaar met Zwitserland (US$703,4 miljard), Saoedi-Arabië (US$700,6 miljard). Het aandeel in de wereld was 0,92%, en 30,8% in Afrika.

Het BBP van Noord-Afrika bestond uit: huishoudelijke uitgaven (63,0%), kapitaalvorming (26,8%) en overheidsuitgaven (16,2%).

Het BBP per hoofd in Noord-Afrika was $3.219,8 in de jaren 2010s, en was vergelijkbaar met de FS van Micronesië (US$3,1 duizend).

Het bruto binnenlands product per hoofd in Noord-Afrika was in 3,3 keer lager dan het bruto binnenlands product per hoofd van de bevolking in de wereld ($10.603,1), en was 62,7% hoger dan het bruto binnenlands product per hoofd van de bevolking in Afrika ($10.603,1).

De groei van het BBP in Noord-Afrika bedroeg 1.6% in de jaren 2010, en was vergelijkbaar met België (1,6%). De groei van het bruto binnenlands product in Noord-Afrika (1,6%) was minder dan de groei van het bruto binnenlands product in de wereld (3,1%), was minder dan de groei van het bruto binnenlands product in Afrika (2,9%).

Vergelijking met subregio's. Het BBP van Noord-Afrika was 9,9% groter dan in West-Afrika (US$648,7 miljard), 81,1% groter dan in Zuidelijk Afrika (US$393,7 miljard), 2,3 keer groter dan in Oost-Afrika (US$314,4 miljard) en 2,9 keer groter dan in Centraal-Afrika (US$243,0 miljard). Het bruto binnenlands product per hoofd in Noord-Afrika was in Noord-Afrika72,7% groter dan in West-Afrika (US$1.864,5), 2,0 keer groter dan in Centraal-Afrika (US$1.595,9) en 3,9 keer groter dan in Oost-Afrika (US$818,3); maar 48,9% minder dan in Zuidelijk Afrika (US$6,3 duizend). De groei van het BBP in Noord-Afrika was minder dan in Oost-Afrika (6,1%), in West-Afrika (3,6%), in Centraal-Afrika (2,8%) en in Zuidelijk Afrika (1,9%).

Leiders. Het BBP van Noord-Afrika in de jaren 2010 bestond uit: Egypte (37,1%), Algerije (25,8%), Marokko (14,9%), Soedan (9,9%), Libië (6,3%), en andere (6,1%). Het BBP per hoofd in Noord-Afrika onder de leiders: Libië ($6.952,3), Algerije ($4.660,9), Marokko ($3.085,0), Egypte ($2.890,9) en Soedan ($1.833,1). De groei van het BBP onder de leiders: Marokko (4,3%), Egypte (3,8%), Soedan (3,0%), Algerije (2,7%) en Libië (-14,4%).

Hoofdstuk II. Toegevoegde waarde

De toegevoegde waarde van Noord-Afrika steeg van US$56,8 miljard per jaar in de jaren 1970 tot US$691,4 miljard per jaar in de jaren 2010, dat wil zeggen met US$634,6 miljard of 12,2 keer. De verandering vond plaats op US$499,4 miljard als gevolg van een 3,6-voudige stijging van de prijzen, en ook op US$61,7 miljard als gevolg van een 1,5-voudige toename van de productiviteit , evenals op US$73,5 miljard als gevolg van de toename van de bevolking. De gemiddelde jaarlijkse groei van de toegevoegde waarde is 3,3%. De minimumwaarde van de toegevoegde waarde bedroeg US$22,9 miljard in 1970. De maximumwaarde van de toegevoegde waarde bedroeg US$784,4 miljard in 2012.

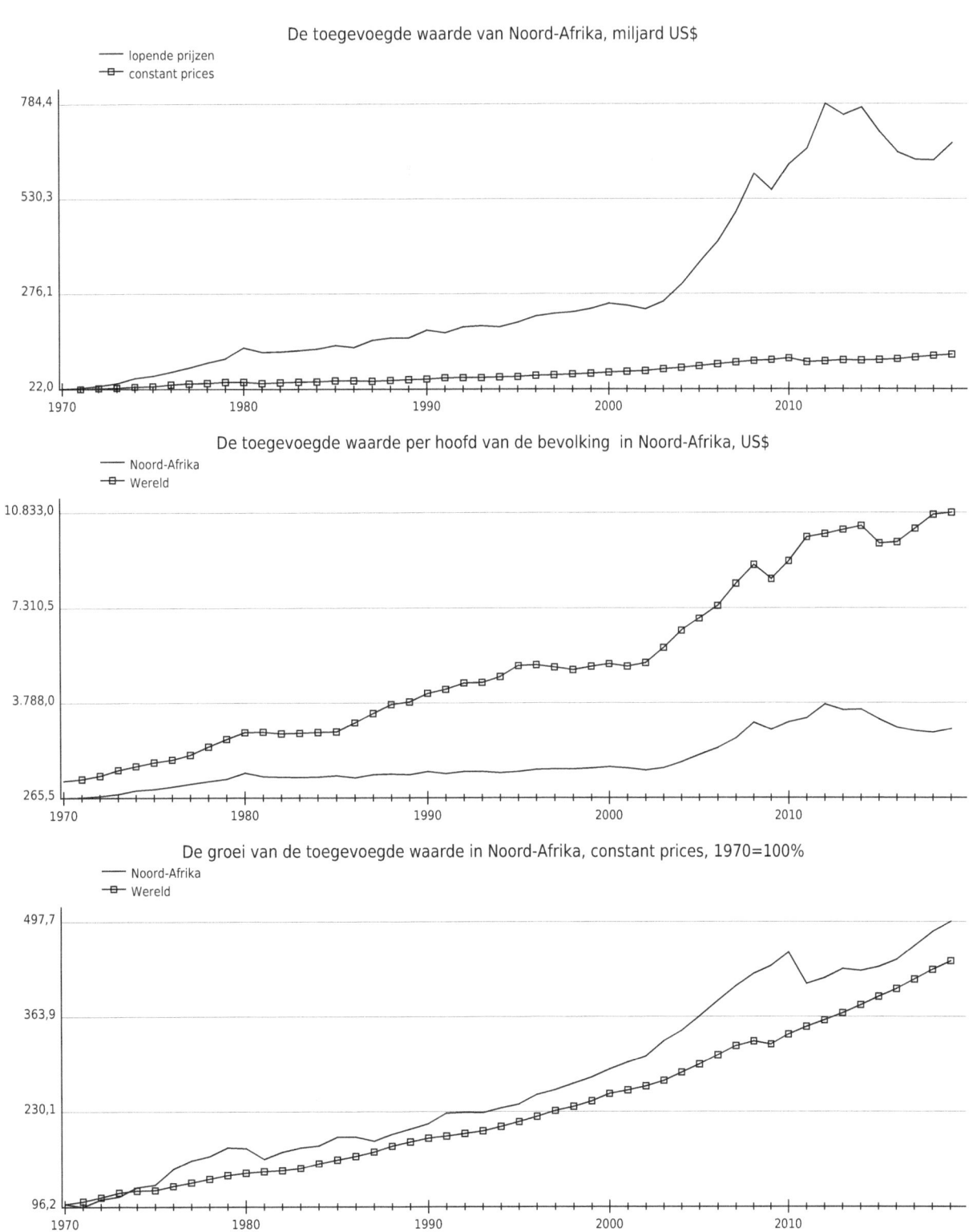

De toegevoegde waarde van Noord-Afrika, miljard US$

De toegevoegde waarde per hoofd van de bevolking in Noord-Afrika, US$

De groei van de toegevoegde waarde in Noord-Afrika, constant prices, 1970=100%

de jaren 1970

De toegevoegde waarde van Noord-Afrika bedroeg in de jaren 1970 US$56,8 miljard per jaar. Het aandeel in de wereld was 0,90%, en 22,4% in Afrika.

De totale toegevoegde waarde van Noord-Afrika bestond uit: industrie (35,0%), diensten (25,3%), landbouw (15,3%), handel (11,9%), bouw (7,1%) en vervoer (5,4%).

De toegevoegde waarde per hoofd in Noord-Afrika was $588,7 in de jaren 1970s, en was vergelijkbaar met Sao Tomé en Principe (US$586,1), de Marshalleilanden (US$585,3). De toegevoegde waarde per hoofd in Noord-Afrika was in 2,7 keer lager dan de toegevoegde waarde per hoofd van de bevolking in de wereld ($1.564,4), en was 4,9% lager dan de toegevoegde waarde per hoofd van de bevolking in Afrika ($1.564,4).

De groei van de toegevoegde waarde in Noord-Afrika bedroeg 6.7% in de jaren 1970, en was vergelijkbaar met Lesotho (6,7%). De groei van de toegevoegde waarde in Noord-Afrika (6,7%) was groter dan de groei van de toegevoegde waarde in de wereld (3,9%), was groter dan de groei van de toegevoegde waarde in Afrika (4,9%).

Vergelijking met subregio's. De toegevoegde waarde van Noord-Afrika was groter dan in Zuidelijk Afrika (US$34,4 miljard), in Oost-Afrika (US$32,4 miljard) en in Centraal-Afrika (US$21,4 miljard); maar minder dan in West-Afrika (US$109,0 miljard). De toegevoegde waarde per hoofd in Noord-Afrika was in Noord-Afrika groter dan in Centraal-Afrika (US$470,6) en in Oost-Afrika (US$268,1); maar minder dan in Zuidelijk Afrika (US$1.220,6) en in West-Afrika (US$914,0). De groei van de toegevoegde waarde in Noord-Afrika was groter dan in West-Afrika (6,1%), in Oost-Afrika (3,1%), in Zuidelijk Afrika (2,7%) en in Centraal-Afrika (1,4%).

Leiders. De toegevoegde waarde van Noord-Afrika in de jaren 1970 bestond uit: Algerije (27,4%), Libië (23,7%), Egypte (21,4%), Marokko (15,6%), Tunesië (6,5%), en andere (5,4%). De toegevoegde waarde per hoofd in Noord-Afrika onder de leiders: Libië ($5.170,7), Algerije ($947,5), Tunesië ($662,5), Marokko ($500,5) en Egypte ($318,1). De groei van de toegevoegde waarde onder de leiders: Egypte (7,9%), Libië (7,5%), Tunesië (6,0%), Algerije (5,4%) en Marokko (5,1%).

de jaren 1980

De toegevoegde waarde van Noord-Afrika bedroeg in de jaren 1980 US$136,8 miljard per jaar. Het aandeel in de wereld was 0,93%, en 26,6% in Afrika.

De totale toegevoegde waarde van Noord-Afrika bestond uit: industrie (34,1%), diensten (24,3%), handel (13,5%), landbouw (12,7%), bouw (8,8%) en transport (6,6%).

De toegevoegde waarde per hoofd in Noord-Afrika was $1.084,0 in de jaren 1980s, en was vergelijkbaar met Zimbabwe (US$1.067,8). De toegevoegde waarde per hoofd in Noord-Afrika was in 2,8 keer lager dan de toegevoegde waarde per hoofd van de bevolking in de wereld ($3.029,9), en was 14,3% hoger dan de toegevoegde waarde per hoofd van de bevolking in Afrika ($3.029,9).

De groei van de toegevoegde waarde in Noord-Afrika bedroeg 1.4% in de jaren 1980. De groei van de toegevoegde waarde in Noord-Afrika (1,4%) was minder dan de groei van de toegevoegde waarde in de wereld (2,9%), was groter dan de groei van de toegevoegde waarde in Afrika (1,2%).

Vergelijking met subregio's. De toegevoegde waarde van Noord-Afrika was groter dan in Zuidelijk Afrika (US$80,2 miljard), in Oost-Afrika (US$58,7 miljard) en in Centraal-Afrika (US$38,6 miljard); maar minder dan in West-Afrika (US$199,6 miljard). De toegevoegde waarde per hoofd in Noord-Afrika was in Noord-Afrika groter dan in Centraal-Afrika (US$640,6) en in Oost-Afrika (US$361,3); maar minder dan in Zuidelijk Afrika (US$2,2 duizend) en in West-Afrika (US$1.278,1). De groei van de toegevoegde waarde in Noord-Afrika was groter dan in West-Afrika (-0,53%); maar minder dan in Oost-Afrika (2,9%), in Zuidelijk Afrika (2,5%) en in Centraal-Afrika (2,4%).

Leiders. De toegevoegde waarde van Noord-Afrika in de jaren 1980 bestond uit: Algerije (37,5%), Libië (21,7%), Egypte (16,0%), Marokko (12,7%), Tunesië (6,4%), en andere (5,8%). De toegevoegde waarde per hoofd in Noord-Afrika onder de leiders: Libië ($7.814,5), Algerije ($2.317,3), Tunesië ($1.216,8), Marokko ($780,8) en Egypte ($447,6). De groei van de toegevoegde waarde onder de leiders: Egypte (6,7%), Marokko (4,3%), Tunesië (3,3%), Algerije (2,5%) en Libië (-4,5%).

de jaren 1990

De toegevoegde waarde van Noord-Afrika bedroeg in de jaren 1990 US$202,1 miljard per jaar. Het aandeel in de wereld was 0,74%, en

36,0% in Afrika.

De totale toegevoegde waarde van Noord-Afrika bestond uit: industrie (29,4%), diensten (26,6%), handel (15,0%), landbouw (14,6%), vervoer (8,4%) en constructie (6,1%).

De toegevoegde waarde per hoofd in Noord-Afrika was $1.265,9 in de jaren 1990s, en was vergelijkbaar met Kosovo (US$1.265,8). De toegevoegde waarde per hoofd in Noord-Afrika was in 3,8 keer lager dan de toegevoegde waarde per hoofd van de bevolking in de wereld ($4.799,9), en was 59,6% hoger dan de toegevoegde waarde per hoofd van de bevolking in Afrika ($4.799,9).

De groei van de toegevoegde waarde in Noord-Afrika bedroeg 3.1% in de jaren 1990, en was vergelijkbaar met Gambia (3,1%), Portugal (3,1%), Peru (3,1%). De groei van de toegevoegde waarde in Noord-Afrika (3,1%) was groter dan de groei van de toegevoegde waarde in de wereld (2,7%), was groter dan de groei van de toegevoegde waarde in Afrika (2,3%).

Vergelijking met subregio's. De toegevoegde waarde van Noord-Afrika was groter dan in Zuidelijk Afrika (US$137,2 miljard),   in West-Afrika (US$109,8 miljard), in Oost-Afrika (US$67,2 miljard) en in Centraal-Afrika (US$45,5 miljard). De toegevoegde waarde per hoofd in Noord-Afrika was in Noord-Afrika groter dan in Centraal-Afrika (US$552,7), in West-Afrika (US$539,3) en in Oost-Afrika (US$311,3); maar minder dan in Zuidelijk Afrika (US$2,9 duizend). De groei van de toegevoegde waarde in Noord-Afrika was groter dan in Oost-Afrika (2,9%), in West-Afrika (2,5%), in Zuidelijk Afrika (1,5%) en in Centraal-Afrika (-0,78%).

Leiders. De toegevoegde waarde van Noord-Afrika in de jaren 1990 bestond uit: Egypte (29,3%), Algerije (22,9%), Libië (17,8%), Marokko (16,2%), Tunesië (8,3%), en andere (5,5%). De toegevoegde waarde per hoofd in Noord-Afrika onder de leiders: Libië ($7.353,2), Tunesië ($1.867,1), Algerije ($1.635,1), Marokko ($1.224,6) en Egypte ($959,7). De groei van de toegevoegde waarde onder de leiders: Tunesië (4,2%), Egypte (4,1%), Marokko (2,6%), Algerije (1,9%) en Libië (1,6%).

de jaren 2000

De toegevoegde waarde van Noord-Afrika bedroeg in de jaren 2000 US$370,7 miljard per jaar. Het aandeel in de wereld was 0,84%, en 35,1% in Afrika.

De totale toegevoegde waarde van Noord-Afrika bestond uit: industrie (37,5%), diensten (23,0%), landbouw (12,7%), handel (12,4%), transport (8,8%) en bouw (5,7%).

De toegevoegde waarde per hoofd in Noord-Afrika was $1.947,7 in de jaren 2000s, en was vergelijkbaar met China (US$1.954,1), Melanesië (US$1.963,3), Guatemala (US$1.917,0). De toegevoegde waarde per hoofd in Noord-Afrika was in 3,5 keer lager dan de toegevoegde waarde per hoofd van de bevolking in de wereld (US$6.818,0), en was 67,1% hoger dan de toegevoegde waarde per hoofd van de bevolking in Afrika ($6.818,0).

De groei van de toegevoegde waarde in Noord-Afrika bedroeg 4.6% in de jaren 2000, en was vergelijkbaar met Letland (4,6%). De groei van de toegevoegde waarde in Noord-Afrika (4,6%) was groter dan de groei van de toegevoegde waarde in de wereld (2,9%), was minder dan de groei van de toegevoegde waarde in Afrika (4,9%).

Vergelijking met subregio's. De toegevoegde waarde van Noord-Afrika was groter dan in West-Afrika (US$259,7 miljard), in Zuidelijk Afrika (US$215,3 miljard), in Oost-Afrika (US$112,9 miljard) en in Centraal-Afrika (US$98,3 miljard). De toegevoegde waarde per hoofd in Noord-Afrika was in Noord-Afrika groter dan in West-Afrika (US$979,0), in Centraal-Afrika (US$886,2) en in Oost-Afrika (US$395,5); maar minder dan in Zuidelijk Afrika (US$4,0 duizend). De groei van de toegevoegde waarde in Noord-Afrika was groter dan in Zuidelijk Afrika (3,5%); maar minder dan in Centraal-Afrika (6,2%), in West-Afrika (5,7%) en in Oost-Afrika (5,2%).

Leiders. De toegevoegde waarde van Noord-Afrika in de jaren 2000 bestond uit: Egypte (28,4%), Algerije (25,7%), Marokko (15,2%), Libië (13,9%), Soedan (9,5%), en andere (7,2%). De toegevoegde waarde per hoofd in Noord-Afrika onder de leiders: Libië ($8.979,1), Algerije ($2.888,4), Marokko ($1.855,6), Egypte ($1.407,5) en Soedan ($924,8). De groei van de toegevoegde waarde onder de leiders: Soedan (7,2%), Marokko (5,2%), Egypte (4,7%), Libië (4,3%) en Algerije (3,8%).

de jaren 2010

De toegevoegde waarde van Noord-Afrika bedroeg in de jaren 2010 US$691,4 miljard per jaar, en was vergelijkbaar met Saoedi-Arabië (US$700,7 miljard), Zwitserland (US$681,4 miljard). Het aandeel in de wereld was 0,93%, en 31,4% in Afrika.

De totale toegevoegde waarde van Noord-Afrika bestond uit: industrie (30,7%), diensten (27,7%), handel (13,8%), landbouw (12,8%), vervoer (8,7%) en constructie (6,3%).

De toegevoegde waarde per hoofd in Noord-Afrika was $3.122,9 in de jaren 2010s. De toegevoegde waarde per hoofd in Noord-Afrika was in 3,2 keer lager dan de toegevoegde waarde per hoofd van de bevolking in de wereld ($10.094,6), en was 65,5% hoger dan de toegevoegde waarde per hoofd van de bevolking in Afrika ($10.094,6).

De groei van de toegevoegde waarde in Noord-Afrika bedroeg 1.3% in de jaren 2010, en was vergelijkbaar met Frankrijk (1,3%). De groei van de toegevoegde waarde in Noord-Afrika (1,3%) was minder dan de groei van de toegevoegde waarde in de wereld (3,1%), was minder dan de groei van de toegevoegde waarde in Afrika (2,7%).

Vergelijking met subregio's. De toegevoegde waarde van Noord-Afrika was 9,8% groter dan in West-Afrika (US$629,4 miljard), 95,2% groter dan in Zuidelijk Afrika (US$354,1 miljard), 2,4 keer groter dan in Oost-Afrika (US$291,4 miljard) en 2,9 keer groter dan in Centraal-Afrika (US$237,6 miljard). De toegevoegde waarde per hoofd in Noord-Afrika was in Noord-Afrika72,6% groter dan in West-Afrika (US$1.809,1), 2,0 keer groter dan in Centraal-Afrika (US$1.560,1) en 4,1 keer groter dan in Oost-Afrika (US$758,6); maar 44,9% minder dan in Zuidelijk Afrika (US$5,7 duizend). De groei van de toegevoegde waarde in Noord-Afrika was minder dan in Oost-Afrika (6,2%), in West-Afrika (3,2%), in Centraal-Afrika (2,9%) en in Zuidelijk Afrika (1,9%).

Leiders. De toegevoegde waarde van Noord-Afrika in de jaren 2010 bestond uit: Egypte (38,1%), Algerije (25,7%), Marokko (13,8%), Soedan (10,2%), Libië (6,3%), en andere (5,9%). De toegevoegde waarde per hoofd in Noord-Afrika onder de leiders: Libië ($6.757,4), Algerije ($4.508,0), Egypte ($2.878,4), Marokko ($2.764,9) en Soedan ($1.839,0). De groei van de toegevoegde waarde onder de leiders: Marokko (4,2%), Egypte (3,4%), Soedan (3,0%), Algerije (2,9%) en Libië (-16,2%).

Hoofdstuk III. Bruto nationaal inkomen

Het bruto nationaal inkomen van Noord-Afrika steeg van US$58,5 miljard per jaar in de jaren 1970 tot US$698,9 miljard per jaar in de jaren 2010, dat wil zeggen met US$640,4 miljard of 12,0 keer. De verandering vond plaats op US$468,5 miljard als gevolg van een 3,0-voudige stijging van de prijzen, en ook op US$96,2 miljard als gevolg van een 1,7-voudige toename van de productiviteit , evenals op US$75,7 miljard als gevolg van de toename van de bevolking. De gemiddelde jaarlijkse groei van het bruto nationaal inkomen is 3,7%. De minimumwaarde van het BNI bedroeg US$23,8 miljard in 1970. De maximumwaarde van het BNI bedroeg US$778,7 miljard in 2012.

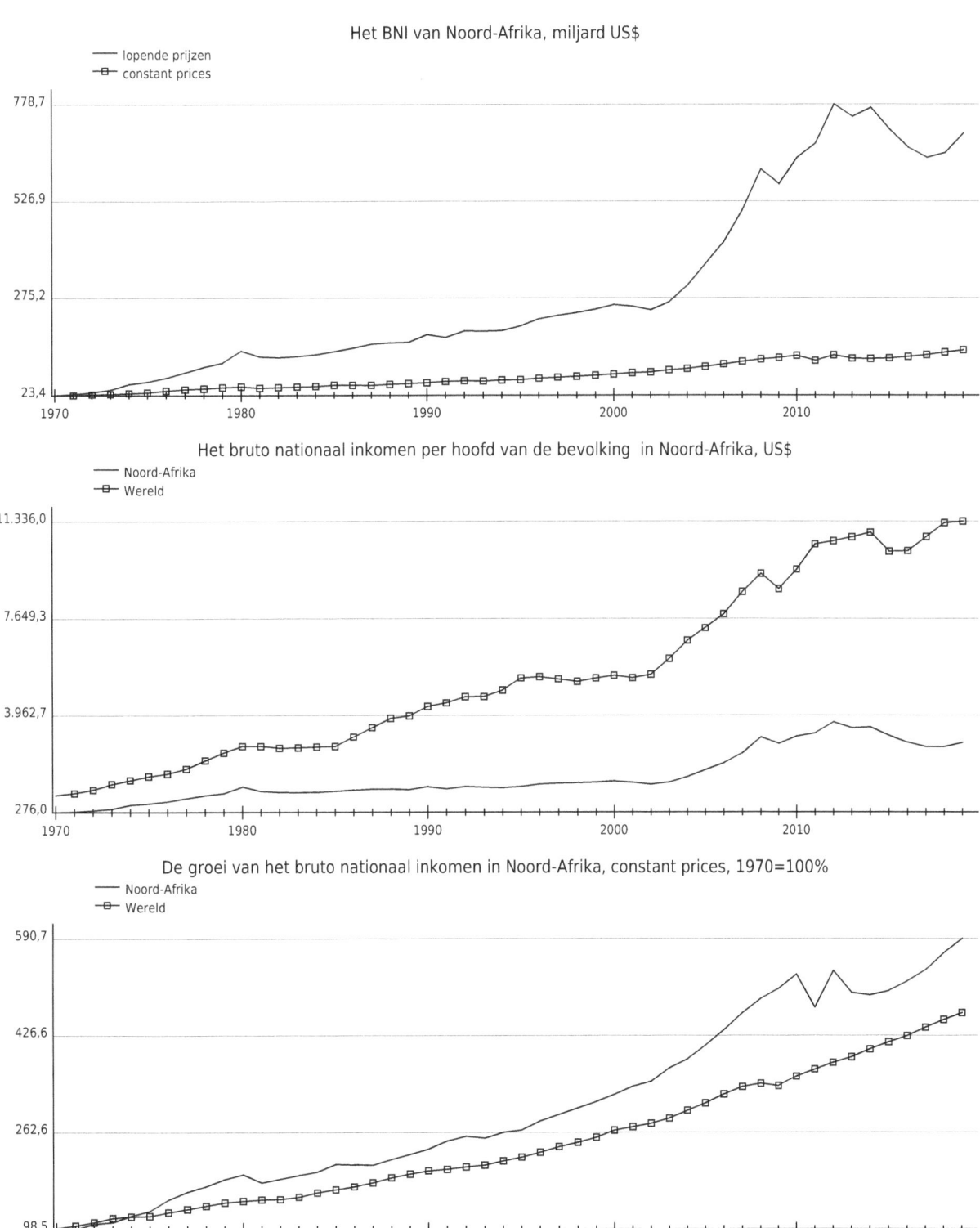

de jaren 1970

Het BNI van Noord-Afrika bedroeg in de jaren 1970 US$58,5 miljard per jaar. Het aandeel in de wereld was 0,89%, en 22,5% in Afrika.

Het BNI per hoofd in Noord-Afrika was $605,9 in de jaren 1970s, en was vergelijkbaar met Sao Tomé en Principe (US$616,2), Angola (US$617,3). Het bruto nationaal inkomen per hoofd in Noord-Afrika was in 2,7 keer lager dan het bruto nationaal inkomen per hoofd van de bevolking in de wereld ($1.624,3), en was 4,2% lager dan het bruto nationaal inkomen per hoofd van de bevolking in Afrika ($1.624,3).

De groei van het BNI in Noord-Afrika bedroeg 7% in de jaren 1970, en was vergelijkbaar met Sao Tomé en Principe (7,0%), Ecuador (7,0%). De groei van het BNI in Noord-Afrika (7,0%) was groter dan de groei van het bruto nationaal inkomen in de wereld (4,1%), was groter dan de groei van het BNI in Afrika (4,7%).

Vergelijking met subregio's. Het bruto nationaal inkomen van Noord-Afrika was groter dan in Zuidelijk Afrika (US$34,9 miljard), in Oost-Afrika (US$33,2 miljard) en in Centraal-Afrika (US$21,1 miljard); maar minder dan in West-Afrika (US$111,9 miljard). Het bruto nationaal inkomen per hoofd in Noord-Afrika was in Noord-Afrika groter dan in Centraal-Afrika (US$463,7) en in Oost-Afrika (US$275,2); maar minder dan in Zuidelijk Afrika (US$1.235,7) en in West-Afrika (US$938,0). De groei van het bruto nationaal inkomen in Noord-Afrika was groter dan in West-Afrika (5,1%), in Zuidelijk Afrika (3,1%), in Oost-Afrika (2,8%) en in Centraal-Afrika (1,6%).

Leiders. Het BNI van Noord-Afrika in de jaren 1970 bestond uit: Algerije (25,9%), Egypte (23,1%), Libië (21,2%), Marokko (17,2%), Tunesië (7,3%), en andere (5,4%). Het BNI per hoofd in Noord-Afrika onder de leiders: Libië ($4.765,4), Algerije ($919,0), Tunesië ($756,9), Marokko ($567,8) en Egypte ($353,8). De groei van het bruto nationaal inkomen onder de leiders: Libië (9,4%), Tunesië (7,6%), Egypte (7,3%), Algerije (6,4%) en Marokko (5,3%).

de jaren 1980

Het BNI van Noord-Afrika bedroeg in de jaren 1980 US$139,3 miljard per jaar. Het aandeel in de wereld was 0,92%, en 26,8% in Afrika.

Het bruto nationaal inkomen per hoofd in Noord-Afrika was $1.103,8 in de jaren 1980s, en was vergelijkbaar met Botswana (US$1.104,2), Zimbabwe (US$1.109,6), Tonga (US$1.096,1). Het BNI per hoofd in Noord-Afrika was in 2,8 keer lager dan het bruto nationaal inkomen per hoofd van de bevolking in de wereld ($3.117,1), en was 15,2% hoger dan het bruto nationaal inkomen per hoofd van de bevolking in Afrika ($3.117,1).

De groei van het BNI in Noord-Afrika bedroeg 2.1% in de jaren 1980, en was vergelijkbaar met de Nederland (2,1%), Centraal-Afrika (2,1%). De groei van het BNI in Noord-Afrika (2,1%) was minder dan de groei van het BNI in de wereld (3,0%), was groter dan de groei van het BNI in Afrika (1,6%).

Vergelijking met subregio's. Het BNI van Noord-Afrika was groter dan in Zuidelijk Afrika (US$83,1 miljard), in Oost-Afrika (US$62,0 miljard) en in Centraal-Afrika (US$37,5 miljard); maar minder dan in West-Afrika (US$197,0 miljard). Het BNI per hoofd in Noord-Afrika was in Noord-Afrika groter dan in Centraal-Afrika (US$621,8) en in Oost-Afrika (US$382,0); maar minder dan in Zuidelijk Afrika (US$2,3 duizend) en in West-Afrika (US$1.261,1). De groei van het bruto nationaal inkomen in Noord-Afrika was groter dan in West-Afrika (-0,19%); maar minder dan in Oost-Afrika (3,0%), in Zuidelijk Afrika (2,5%) en in Centraal-Afrika (2,1%).

Leiders. Het BNI van Noord-Afrika in de jaren 1980 bestond uit: Algerije (37,2%), Libië (20,5%), Egypte (15,9%), Marokko (13,8%), Tunesië (7,0%), en andere (5,7%). Het bruto nationaal inkomen per hoofd in Noord-Afrika onder de leiders: Libië ($7.511,4), Algerije ($2.341,4), Tunesië ($1.346,7), Marokko ($862,3) en Egypte ($453,6). De groei van het BNI onder de leiders: Egypte (6,5%), Marokko (3,6%), Tunesië (3,2%), Algerije (2,8%) en Libië (-2,3%).

de jaren 1990

Het bruto nationaal inkomen van Noord-Afrika bedroeg in de jaren 1990 US$206,0 miljard per jaar, en was vergelijkbaar met Oostenrijk (US$205,1 miljard). Het aandeel in de wereld was 0,72%, en 36,4% in Afrika.

Het BNI per hoofd in Noord-Afrika was $1.289,8 in de jaren 1990s, en was vergelijkbaar met Kaapverdië (US$1.301,3), El Salvador (US$1.305,6). Het bruto nationaal inkomen per hoofd in Noord-Afrika was in 3,9 keer lager dan het bruto nationaal inkomen per hoofd van de bevolking in de wereld ($4.991,4), en was 61,3% hoger dan het bruto nationaal inkomen per hoofd van de bevolking in Afrika ($4.991,4).

De groei van het BNI in Noord-Afrika bedroeg 3.4% in de jaren 1990, en was vergelijkbaar met de Verenigde Staten (3,4%), de

Nederland (3,4%), Australië (3,4%). De groei van het bruto nationaal inkomen in Noord-Afrika (3,4%) was groter dan de groei van het BNI in de wereld (2,8%), was groter dan de groei van het BNI in Afrika (2,5%).

Vergelijking met subregio's. Het bruto nationaal inkomen van Noord-Afrika was groter dan in Zuidelijk Afrika (US$145,3 miljard), in West-Afrika (US$105,8 miljard), in Oost-Afrika (US$69,8 miljard) en in Centraal-Afrika (US$39,6 miljard). Het BNI per hoofd in Noord-Afrika was in Noord-Afrika groter dan in West-Afrika (US$519,6), in Centraal-Afrika (US$481,8) en in Oost-Afrika (US$323,0); maar minder dan in Zuidelijk Afrika (US$3,1 duizend). De groei van het BNI in Noord-Afrika was groter dan in Oost-Afrika (2,9%), in West-Afrika (2,7%), in Zuidelijk Afrika (1,7%) en in Centraal-Afrika (-0,91%).

Leiders. Het bruto nationaal inkomen van Noord-Afrika in de jaren 1990 bestond uit: Egypte (30,5%), Algerije (22,5%), Marokko (17,4%), Libië (15,8%), Tunesië (8,6%), en andere (5,2%). Het BNI per hoofd in Noord-Afrika onder de leiders: Libië ($6.653,3), Tunesië ($1.966,9), Algerije ($1.634,8), Marokko ($1.343,1) en Egypte ($1.015,4). De groei van het bruto nationaal inkomen onder de leiders: Egypte (5,2%), Tunesië (5,0%), Marokko (2,9%), Libië (1,6%) en Algerije (1,4%).

de jaren 2000

Het BNI van Noord-Afrika bedroeg in de jaren 2000 US$379,9 miljard per jaar, en was vergelijkbaar met Zweden (US$382,0 miljard), België (US$374,1 miljard). Het aandeel in de wereld was 0,82%, en 35,4% in Afrika.

Het BNI per hoofd in Noord-Afrika was $1.995,7 in de jaren 2000s, en was vergelijkbaar met Guatemala (US$2,0 duizend), Armenië (US$1.955,0), Melanesië (US$2,0 duizend). Het BNI per hoofd in Noord-Afrika was in 3,6 keer lager dan het bruto nationaal inkomen per hoofd van de bevolking in de wereld ($7.165,2), en was 68,4% hoger dan het bruto nationaal inkomen per hoofd van de bevolking in Afrika ($7.165,2).

De groei van het bruto nationaal inkomen in Noord-Afrika bedroeg 4.9% in de jaren 2000, en was vergelijkbaar met de Verenigde Arabische Emiraten (4,8%), Pakistan (4,8%), Bahrein (4,8%). De groei van het bruto nationaal inkomen in Noord-Afrika (4,9%) was groter dan de groei van het bruto nationaal inkomen in de wereld (3,0%), was minder dan de groei van het BNI in Afrika (5,1%).

Vergelijking met subregio's. Het bruto nationaal inkomen van Noord-Afrika was groter dan in West-Afrika (US$254,5 miljard), in Zuidelijk Afrika (US$231,8 miljard), in Oost-Afrika (US$120,4 miljard) en in Centraal-Afrika (US$87,8 miljard). Het BNI per hoofd in Noord-Afrika was in Noord-Afrika groter dan in West-Afrika (US$959,5), in Centraal-Afrika (US$791,4) en in Oost-Afrika (US$421,7); maar minder dan in Zuidelijk Afrika (US$4,3 duizend). De groei van het BNI in Noord-Afrika was groter dan in Zuidelijk Afrika (3,8%); maar minder dan in Centraal-Afrika (6,6%), in Oost-Afrika (5,8%) en in West-Afrika (5,6%).

Leiders. Het bruto nationaal inkomen van Noord-Afrika in de jaren 2000 bestond uit: Egypte (29,4%), Algerije (25,2%), Marokko (16,4%), Libië (12,8%), Soedan (9,1%), en andere (7,1%). Het BNI per hoofd in Noord-Afrika onder de leiders: Libië ($8.435,5), Algerije ($2.900,1), Marokko ($2.057,7), Egypte ($1.491,7) en Soedan ($905,1). De groei van het bruto nationaal inkomen onder de leiders: Soedan (6,5%), Libië (5,4%), Marokko (5,2%), Egypte (5,0%) en Algerije (4,3%).

de jaren 2010

Het bruto nationaal inkomen van Noord-Afrika bedroeg in de jaren 2010 US$698,9 miljard per jaar, en was vergelijkbaar met Zwitserland (US$709,9 miljard), Saoedi-Arabië (US$711,7 miljard). Het aandeel in de wereld was 0,90%, en 31,3% in Afrika.

Het BNI per hoofd in Noord-Afrika was $3.156,9 in de jaren 2010s, en was vergelijkbaar met Oekraïne (US$3,1 duizend). Het bruto nationaal inkomen per hoofd in Noord-Afrika was in 3,4 keer lager dan het bruto nationaal inkomen per hoofd van de bevolking in de wereld ($10.611,7), en was 65,0% hoger dan het bruto nationaal inkomen per hoofd van de bevolking in Afrika ($10.611,7).

De groei van het bruto nationaal inkomen in Noord-Afrika bedroeg 1.6% in de jaren 2010, en was vergelijkbaar met de Nederland (1,6%). De groei van het BNI in Noord-Afrika (1,6%) was minder dan de groei van het bruto nationaal inkomen in de wereld (3,1%), was minder dan de groei van het bruto nationaal inkomen in Afrika (2,9%).

Vergelijking met subregio's. Het bruto nationaal inkomen van Noord-Afrika was 13,3% groter dan in West-Afrika (US$617,1 miljard), 82,6% groter dan in Zuidelijk Afrika (US$382,7 miljard), 2,2 keer groter dan in Oost-Afrika (US$310,7 miljard) en 3,1 keer groter dan in Centraal-Afrika (US$225,9 miljard). Het bruto nationaal inkomen per hoofd in Noord-Afrika was in Noord-Afrika78,0% groter dan in West-Afrika (US$1.773,8), 2,1 keer groter dan in Centraal-Afrika (US$1.483,3) en 3,9 keer groter dan in Oost-Afrika (US$808,7); maar 48,4% minder dan in Zuidelijk Afrika (US$6,1 duizend). De groei van het BNI in Noord-Afrika was minder dan in Oost-Afrika (5,9%), in West-Afrika (3,6%), in Centraal-Afrika (3,5%) en in Zuidelijk Afrika (1,8%).

Leiders. Het bruto nationaal inkomen van Noord-Afrika in de jaren 2010 bestond uit: Egypte (37,3%), Algerije (25,9%), Marokko (14,9%), Soedan (9,6%), Libië (6,3%), en andere (5,9%). Het BNI per hoofd in Noord-Afrika onder de leiders: Libië ($6.824,8), Algerije ($4.594,5), Marokko ($3.027,7), Egypte ($2.852,5) en Soedan ($1.745,6). De groei van het bruto nationaal inkomen onder de leiders: Marokko (4,2%), Soedan (4,0%), Egypte (3,5%), Algerije (2,6%) en Libië (-14,8%).

Part II. Structuur

Hoofdstuk IV. Landbouw

Landbouw, jacht, bosbouw, vissen (ISIC A-B)

De sector van de landbouw in Noord-Afrika steeg van US$8,7 miljard per jaar in de jaren 1970 tot US$88,4 miljard per jaar in de jaren 2010, dat wil zeggen met US$79,7 miljard of 10,1 keer. De verandering vond plaats op US$53,4 miljard als gevolg van een 2,5-voudige stijging van de prijzen, en ook op US$15,0 miljard als gevolg van een 1,8-voudige toename van de productiviteit , evenals op US$11,3 miljard als gevolg van de toename van de bevolking. De gemiddelde jaarlijkse groei van de landbouw is 3,4%. De minimumwaarde van de landbouw bedroeg US$4,4 miljard in 1970. De maximumwaarde van de landbouw bedroeg US$99,6 miljard in 2015.

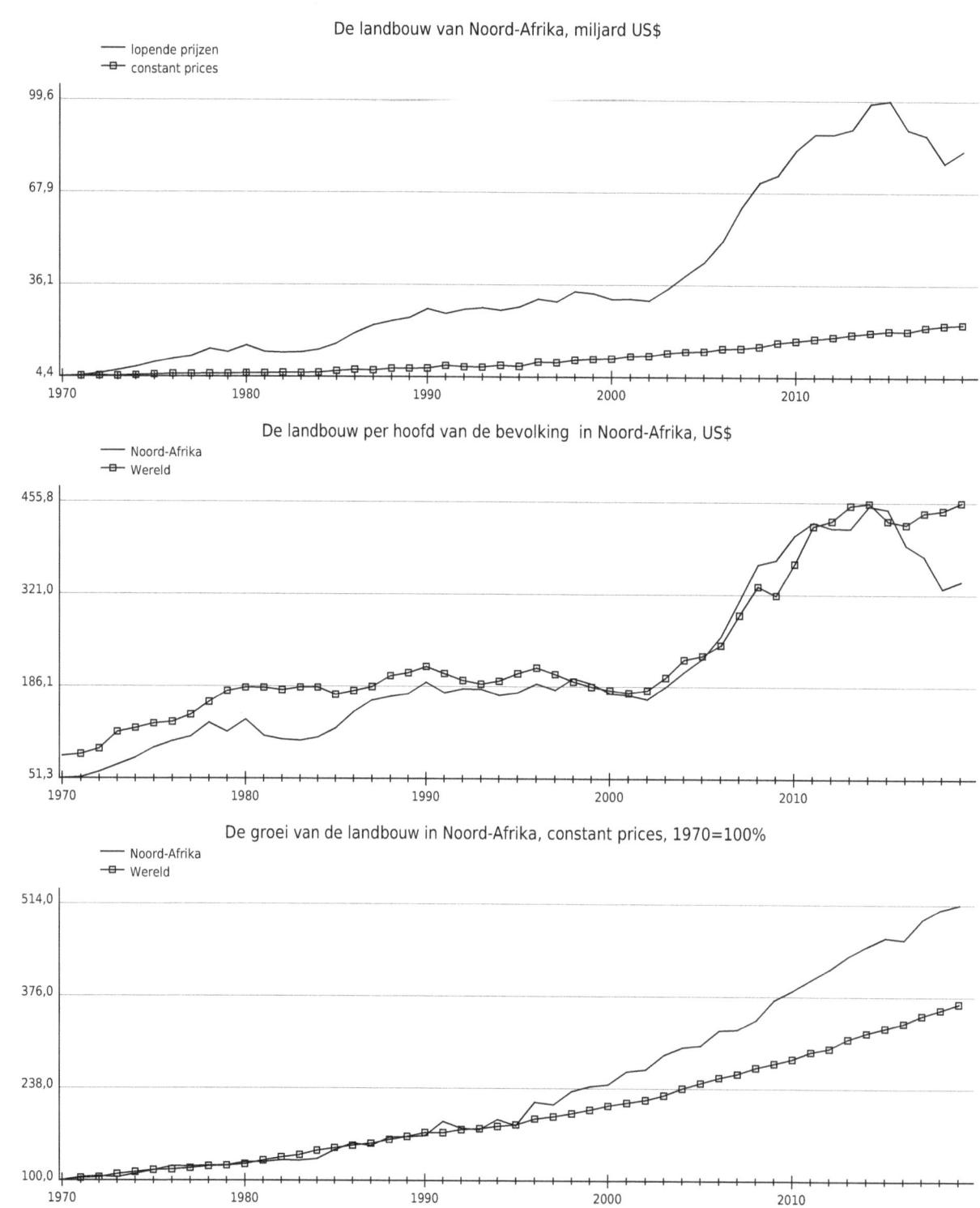

De landbouw van Noord-Afrika, miljard US$

De landbouw per hoofd van de bevolking in Noord-Afrika, US$

De groei van de landbouw in Noord-Afrika, constant prices, 1970=100%

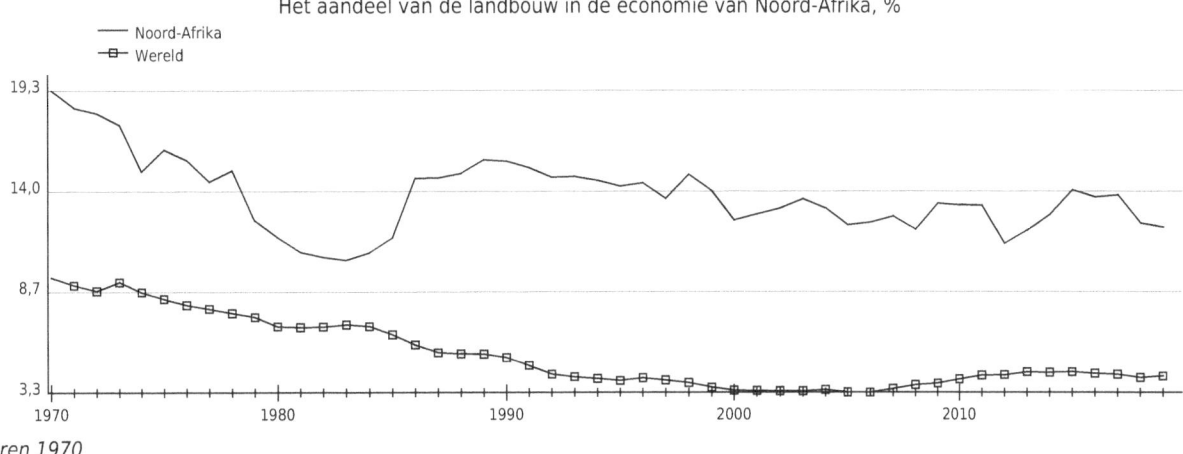

Het aandeel van de landbouw in de economie van Noord-Afrika, %

de jaren 1970

De waarde van de landbouw in Noord-Afrika bedroeg in de jaren 1970 US$8,7 miljard per jaar, en was vergelijkbaar met Spanje (US$8,7 miljard), Mexico (US$8,8 miljard). Het aandeel in de wereld was 1,7%, en 18,9% in Afrika.

Het aandeel van de landbouw in de economie van Noord-Afrika was 15,3% in de jaren 1970, en was vergelijkbaar met Nigeria (15,3%), Congo (15,3%), Costa Rica (15,4%).

De sector van de landbouw per hoofd in Noord-Afrika was $90,2 in de jaren 1970s, en was vergelijkbaar met Algerije (US$90,6), Zuidelijk Afrika (US$90,9), Egypte (US$89,4). De waarde van de landbouw per hoofd in Noord-Afrika was 29,3% lager dan de landbouw per hoofd van de bevolking in de wereld ($127,6), en was 19,6% lager dan de landbouw per hoofd van de bevolking in Afrika ($127,6).

De groei van de landbouw in Noord-Afrika bedroeg 2.2% in de jaren 1970, en was vergelijkbaar met Congo-Brazzaville (2,2%), de Wereld (2,2%). De groei van de landbouw in Noord-Afrika (2,2%) was groter dan de groei van de landbouw in de wereld (2,2%), was groter dan de groei van de landbouw in Afrika (1,7%).

Vergelijking met subregio's. De toegevoegde waarde van de landbouw in Noord-Afrika was groter dan in Centraal-Afrika (US$4,2 miljard) en in Zuidelijk Afrika (US$2,6 miljard); maar minder dan in West-Afrika (US$20,2 miljard) en in Oost-Afrika (US$10,4 miljard). De sector van de landbouw per hoofd in Noord-Afrika was in Noord-Afrika groter dan in Oost-Afrika (US$86,3); maar minder dan in West-Afrika (US$169,1), in Centraal-Afrika (US$92,1) en in Zuidelijk Afrika (US$90,9). De groei van de landbouw in Noord-Afrika was groter dan in Oost-Afrika (2,0%), in Centraal-Afrika (1,6%) en in West-Afrika (0,69%); maar minder dan in Zuidelijk Afrika (3,9%).

Leiders. De waarde van de landbouw in Noord-Afrika in de jaren 1970 bestond uit: Egypte (39,2%), Marokko (20,5%), Algerije (17,1%), Soedan (13,0%), Tunesië (7,0%), en andere (3,2%). Het aandeel van de landbouw in economie van de leiders: Soedan (37,0%), Egypte (28,1%), Marokko (20,2%), Tunesië (16,4%) en Algerije (9,6%). De waarde van de landbouw per hoofd in Noord-Afrika onder de leiders: Tunesië ($108,8), Marokko ($100,9), Algerije ($90,6), Egypte ($89,4) en Soedan ($70,8). De groei van de landbouw onder de leiders: Tunesië (5,3%), Egypte (2,4%), Algerije (2,4%), Soedan (1,8%) en Marokko (1,0%).

de jaren 1980

De sector van de landbouw in Noord-Afrika bedroeg in de jaren 1980 US$17,4 miljard per jaar. Het aandeel in de wereld was 1,9%, en 20,2% in Afrika.

Het aandeel van de landbouw in de economie van Noord-Afrika was 12,7% in de jaren 1980, en was vergelijkbaar met Colombia (12,6%).

De toegevoegde waarde van de landbouw per hoofd in Noord-Afrika was $137,8 in de jaren 1980s, en was vergelijkbaar met Rwanda (US$138,7), Niger (US$137,0), Marokko (US$136,9). De waarde van de landbouw per hoofd in Noord-Afrika was 26,1% lager dan de landbouw per hoofd van de bevolking in de wereld ($186,6), en was 13,4% lager dan de landbouw per hoofd van de bevolking in Afrika ($186,6).

De groei van de landbouw in Noord-Afrika bedroeg 3.1% in de jaren 1980, en was vergelijkbaar met Groenland (3,1%), Ierland (3,1%), Kameroen (3,1%). De groei van de landbouw in Noord-Afrika (3,1%) was minder dan de groei van de landbouw in de wereld (3,1%), was groter dan de groei van de landbouw in Afrika (2,8%).

Vergelijking met subregio's. De toegevoegde waarde van de landbouw in Noord-Afrika was groter dan in Centraal-Afrika (US$7,3 miljard) en in Zuidelijk Afrika (US$4,6 miljard); maar minder dan in West-Afrika (US$38,3 miljard) en in Oost-Afrika (US$18,6 miljard). De landbouw per hoofd in Noord-Afrika was in Noord-Afrika groter dan in Zuidelijk Afrika (US$124,5), in Centraal-Afrika (US$121,7) en in Oost-Afrika (US$114,5); maar minder dan in West-Afrika (US$245,3). De groei van de landbouw in Noord-Afrika was groter dan in West-Afrika (2,9%), in Oost-Afrika (2,6%) en in Centraal-Afrika (2,0%); maar minder dan in Zuidelijk Afrika (3,1%).

Leiders. De landbouw van Noord-Afrika in de jaren 1980 bestond uit: Algerije (27,9%), Egypte (24,7%), Marokko (17,5%), Soedan (16,8%), Libië (6,6%), en andere (6,5%). Het aandeel van de landbouw in economie van de leiders: Soedan (36,9%), Egypte (19,7%), Marokko (17,5%), Algerije (9,5%) en Libië (3,9%). De sector van de landbouw per hoofd in Noord-Afrika onder de leiders: Libië ($303,9), Algerije ($219,4), Marokko ($136,9), Soedan ($132,2) en Egypte ($88,1). De groei van de landbouw onder de leiders: Marokko (4,9%), Algerije (4,7%), Egypte (3,3%), Libië (3,0%) en Soedan (0,065%).

de jaren 1990

De waarde van de landbouw in Noord-Afrika bedroeg in de jaren 1990 US$29,4 miljard per jaar, en was vergelijkbaar met West-Afrika (US$29,2 miljard). Het aandeel in de wereld was 2,6%, en 30,9% in Afrika.

Het aandeel van de landbouw in de economie van Noord-Afrika was 14,6% in de jaren 1990, en was vergelijkbaar met Indonesië (14,7%).

De sector van de landbouw per hoofd in Noord-Afrika was $184,3 in de jaren 1990s, en was vergelijkbaar met Montserrat (US$184,3), Algerije (US$184,2), de Marshalleilanden (US$186,0). De sector van de landbouw per hoofd in Noord-Afrika was 7,7% lager dan de landbouw per hoofd van de bevolking in de wereld ($199,8), en was 37,0% hoger dan de landbouw per hoofd van de bevolking in Afrika ($199,8).

De groei van de landbouw in Noord-Afrika bedroeg 3.8% in de jaren 1990, en was vergelijkbaar met Cambodja (3,8%). De groei van de landbouw in Noord-Afrika (3,8%) was groter dan de groei van de landbouw in de wereld (2,2%), was groter dan de groei van de landbouw in Afrika (2,8%).

Vergelijking met subregio's. De toegevoegde waarde van de landbouw in Noord-Afrika was groter dan in West-Afrika (US$29,2 miljard), in Oost-Afrika (US$20,6 miljard), in Centraal-Afrika (US$10,3 miljard) en in Zuidelijk Afrika (US$5,8 miljard). De waarde van de landbouw per hoofd in Noord-Afrika was in Noord-Afrika groter dan in West-Afrika (US$143,3), in Centraal-Afrika (US$125,3), in Zuidelijk Afrika (US$124,6) en in Oost-Afrika (US$95,3). De groei van de landbouw in Noord-Afrika was groter dan in West-Afrika (3,0%), in Oost-Afrika (2,8%), in Centraal-Afrika (0,43%) en in Zuidelijk Afrika (-0,15%).

Leiders. De toegevoegde waarde van de landbouw in Noord-Afrika in de jaren 1990 bestond uit: Egypte (31,7%), Marokko (19,5%), Algerije (17,8%), Soedan (15,1%), Libië (8,6%), en andere (7,3%). Het aandeel van de landbouw in economie van de leiders: Soedan (40,1%), Marokko (17,6%), Egypte (15,7%), Algerije (11,3%) en Libië (7,1%). De landbouw per hoofd in Noord-Afrika onder de leiders: Libië ($521,1), Marokko ($215,1), Algerije ($184,2), Soedan ($153,4) en Egypte ($151,0). De groei van de landbouw onder de leiders: Soedan (9,1%), Algerije (3,4%), Egypte (3,2%), Libië (1,9%) en Marokko (-1,1%).

de jaren 2000

De waarde van de landbouw in Noord-Afrika bedroeg in de jaren 2000 US$47,0 miljard per jaar, en was vergelijkbaar met Nigeria (US$47,6 miljard), Brazilië (US$46,2 miljard). Het aandeel in de wereld was 3,0%, en 28,5% in Afrika.

Het aandeel van de landbouw in de economie van Noord-Afrika was 12,7% in de jaren 2000, en was vergelijkbaar met Honduras (12,7%), Fiji (12,7%).

De sector van de landbouw per hoofd in Noord-Afrika was $247,1 in de jaren 2000s, en was vergelijkbaar met Guatemala (US$246,8), Kosovo (US$246,1), Oost-Azië (US$248,4). De waarde van de landbouw per hoofd in Noord-Afrika was 2,8% hoger dan de landbouw per hoofd van de bevolking in de wereld ($240,3), en was 35,8% hoger dan de landbouw per hoofd van de bevolking in Afrika ($240,3).

De groei van de landbouw in Noord-Afrika bedroeg 4.4% in de jaren 2000. De groei van de landbouw in Noord-Afrika (4,4%) was groter dan de groei van de landbouw in de wereld (3,0%), was minder dan de groei van de landbouw in Afrika (5,1%).

Vergelijking met subregio's. De toegevoegde waarde van de landbouw in Noord-Afrika was groter dan in Oost-Afrika (US$30,1 miljard), in Centraal-Afrika (US$10,8 miljard) en in Zuidelijk Afrika (US$7,2 miljard); maar minder dan in West-Afrika (US$69,8 miljard). De landbouw per hoofd in Noord-Afrika was in Noord-Afrika groter dan in Zuidelijk Afrika (US$132,3), in Oost-Afrika (US$105,3) en in Centraal-Afrika (US$97,8); maar minder dan in West-Afrika (US$263,3). De groei van de landbouw in Noord-Afrika was groter dan in Centraal-Afrika (3,5%), in Oost-Afrika (3,3%) en in Zuidelijk Afrika (2,3%); maar minder dan in West-Afrika (7,4%).

Leiders. De toegevoegde waarde van de landbouw in Noord-Afrika in de jaren 2000 bestond uit: Egypte (30,4%), Soedan (26,4%), Algerije (17,2%), Marokko (16,8%), Tunesië (6,1%), en andere (3,1%). Het aandeel van de landbouw in economie van de leiders: Soedan (35,3%), Marokko (14,0%), Egypte (13,6%), Tunesië (9,7%) en Algerije (8,5%). De toegevoegde waarde van de landbouw per hoofd in Noord-Afrika onder de leiders: Soedan ($326,8), Tunesië ($282,4), Marokko ($260,4), Algerije ($245,5) en Egypte ($191,1). De groei van de landbouw onder de leiders: Marokko (6,2%), Algerije (5,9%), Soedan (4,5%), Egypte (3,6%) en Tunesië (2,4%).

de jaren 2010

De landbouw van Noord-Afrika bedroeg in de jaren 2010 US$88,4 miljard per jaar. Het aandeel in de wereld was 2,8%, en 25,7% in Afrika.

Het aandeel van de landbouw in de economie van Noord-Afrika was 12,8% in de jaren 2010, en was vergelijkbaar met Moldavië (12,8%), Bolivia (12,9%), Honduras (12,7%).

De landbouw per hoofd in Noord-Afrika was $399,3 in de jaren 2010s, en was vergelijkbaar met Oost-Europa (US$395,6), West-Afrika (US$408,3). De sector van de landbouw per hoofd in Noord-Afrika was 7,6% lager dan de landbouw per hoofd van de bevolking in de wereld ($432,1), en was 35,7% hoger dan de landbouw per hoofd van de bevolking in Afrika ($432,1).

De groei van de landbouw in Noord-Afrika bedroeg 3.3% in de jaren 2010, en was vergelijkbaar met Azië (3,3%), Turkije (3,3%). De groei van de landbouw in Noord-Afrika (3,3%) was groter dan de groei van de landbouw in de wereld (2,9%), was minder dan de groei van de landbouw in Afrika (3,7%).

Vergelijking met subregio's. De landbouw van Noord-Afrika was 14,6% groter dan in Oost-Afrika (US$77,2 miljard), 3,3 keer groter dan in Centraal-Afrika (US$26,6 miljard) en 9,2 keer groter dan in Zuidelijk Afrika (US$9,6 miljard); maar 37,8% minder dan in West-Afrika (US$142,1 miljard). De toegevoegde waarde van de landbouw per hoofd in Noord-Afrika was in Noord-Afrika98,8% groter dan in Oost-Afrika (US$200,8), 2,3 keer groter dan in Centraal-Afrika (US$174,5) en 2,6 keer groter dan in Zuidelijk Afrika (US$153,9); maar 2,2% minder dan in West-Afrika (US$408,3). De groei van de landbouw in Noord-Afrika was groter dan in Zuidelijk Afrika (0,28%); maar minder dan in Centraal-Afrika (4,6%), in Oost-Afrika (4,2%) en in West-Afrika (3,8%).

Leiders. De sector van de landbouw in Noord-Afrika in de jaren 2010 bestond uit: Egypte (35,1%), Soedan (23,1%), Algerije (21,7%), Marokko (15,0%), Tunesië (4,6%). Het aandeel van de landbouw in economie van de leiders: Soedan (28,8%), Marokko (13,9%), Egypte (11,8%), Algerije (10,8%) en Tunesië (9,8%). De landbouw per hoofd in Noord-Afrika onder de leiders: Soedan ($530,1), Algerije ($486,2), Marokko ($384,5), Tunesië ($361,1) en Egypte ($338,9). De groei van de landbouw onder de leiders: Algerije (4,9%), Soedan (4,0%), Egypte (3,1%), Tunesië (2,3%) en Marokko (2,0%).

Hoofdstuk V. Industrie

Mijnbouw, productie, nutsbedrijven (ISIC C-E)

De sector van de industrie in Noord-Afrika steeg van US$19,9 miljard per jaar in de jaren 1970 tot US$212,1 miljard per jaar in de jaren 2010, dat wil zeggen met US$192,3 miljard of 10,7 keer. De verandering vond plaats op US$184,4 miljard als gevolg van een 7,7-voudige stijging van de prijzen, en ook op -US$17,8 miljard als gevolg van een 1,6-voudige afname van de productiviteit , evenals op US$25,7 miljard als gevolg van de toename van de bevolking. De gemiddelde jaarlijkse groei van de industrie is 1,2%. De minimumwaarde van de industrie bedroeg US$7,0 miljard in 1970. De maximumwaarde van de industrie bedroeg US$285,9 miljard in 2012.

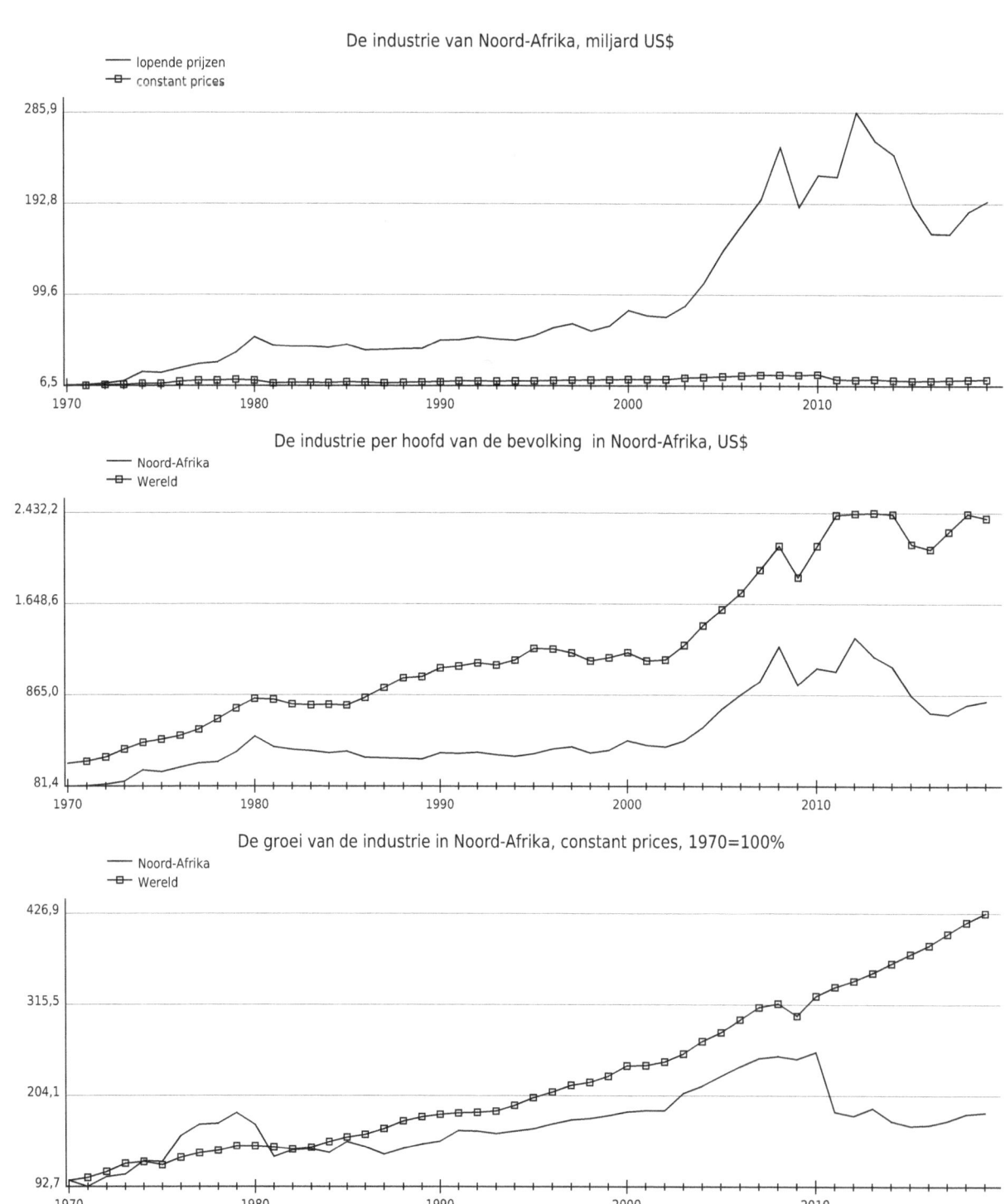

De industrie van Noord-Afrika, miljard US$

De industrie per hoofd van de bevolking in Noord-Afrika, US$

De groei van de industrie in Noord-Afrika, constant prices, 1970=100%

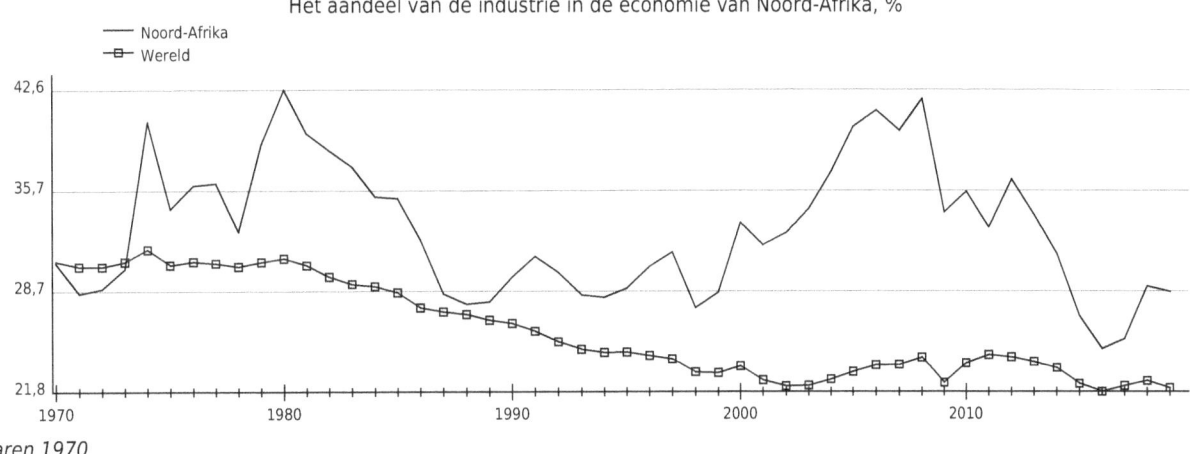

Het aandeel van de industrie in de economie van Noord-Afrika, %

de jaren 1970

De toegevoegde waarde van de industrie in Noord-Afrika bedroeg in de jaren 1970 US$19,9 miljard per jaar, en was vergelijkbaar met Polen (US$19,9 miljard). Het aandeel in de wereld was 1,0%, en 26,7% in Afrika.

Het aandeel van de industrie in de economie van Noord-Afrika was 35,0% in de jaren 1970, en was vergelijkbaar met Puerto Rico (34,9%), Angola (35,1%), Oost-Azië (35,2%).

De industrie per hoofd in Noord-Afrika was $205,8 in de jaren 1970s, en was vergelijkbaar met Paraguay (US$205,6), Zimbabwe (US$202,2), Colombia (US$201,8). De sector van de industrie per hoofd in Noord-Afrika was in 2,3 keer lager dan de industrie per hoofd van de bevolking in de wereld ($480,5), en was 13,6% hoger dan de industrie per hoofd van de bevolking in Afrika ($480,5).

De groei van de industrie in Noord-Afrika bedroeg 6.9% in de jaren 1970, en was vergelijkbaar met de Filipijnen (6,9%), Sao Tomé en Principe (7,0%), Haïti (7,0%). De groei van de industrie in Noord-Afrika (6,9%) was groter dan de groei van de industrie in de wereld (4,0%), was groter dan de groei van de industrie in Afrika (5,5%).

Vergelijking met subregio's. De sector van de industrie in Noord-Afrika was groter dan in Zuidelijk Afrika (US$12,2 miljard), in Oost-Afrika (US$6,8 miljard) en in Centraal-Afrika (US$5,6 miljard); maar minder dan in West-Afrika (US$29,9 miljard). De waarde van de industrie per hoofd in Noord-Afrika was in Noord-Afrika groter dan in Centraal-Afrika (US$122,8) en in Oost-Afrika (US$56,5); maar minder dan in Zuidelijk Afrika (US$434,0) en in West-Afrika (US$250,3). De groei van de industrie in Noord-Afrika was groter dan in Oost-Afrika (3,9%), in Zuidelijk Afrika (1,5%) en in Centraal-Afrika (1,4%); maar minder dan in West-Afrika (7,3%).

Leiders. De waarde van de industrie in Noord-Afrika in de jaren 1970 bestond uit: Libië (40,2%), Algerije (29,4%), Egypte (13,5%), Marokko (11,8%), Tunesië (3,6%), en andere (1,6%). Het aandeel van de industrie in economie van de leiders: Libië (59,4%), Algerije (37,4%), Marokko (26,4%), Egypte (22,0%) en Tunesië (19,3%). De waarde van de industrie per hoofd in Noord-Afrika onder de leiders: Libië ($3.069,0), Algerije ($354,7), Marokko ($132,1), Tunesië ($127,9) en Egypte ($70,0). De groei van de industrie onder de leiders: Egypte (9,5%), Libië (7,3%), Marokko (5,8%), Tunesië (5,7%) en Algerije (3,9%).

de jaren 1980

De sector van de industrie in Noord-Afrika bedroeg in de jaren 1980 US$46,6 miljard per jaar. Het aandeel in de wereld was 1,1%, en 29,8% in Afrika.

Het aandeel van de industrie in de economie van Noord-Afrika was 34,1% in de jaren 1980, en was vergelijkbaar met Centraal-Amerika (34,2%), Albanië (33,9%), Hongarije (33,8%).

De toegevoegde waarde van de industrie per hoofd in Noord-Afrika was $369,4 in de jaren 1980s, en was vergelijkbaar met West-Afrika (US$361,0). De sector van de industrie per hoofd in Noord-Afrika was in 2,3 keer lager dan de industrie per hoofd van de bevolking in de wereld ($861,8), en was 28,0% hoger dan de industrie per hoofd van de bevolking in Afrika ($861,8).

De groei van de industrie in Noord-Afrika bedroeg -2.3% in de jaren 1980. De groei van de industrie in Noord-Afrika (-2,3%) was minder dan de groei van de industrie in de wereld (2,3%), was minder dan de groei van de industrie in Afrika (-0,99%).

Vergelijking met subregio's. De toegevoegde waarde van de industrie in Noord-Afrika was groter dan in Zuidelijk Afrika (US$31,2 miljard), in Oost-Afrika (US$11,1 miljard) en in Centraal-Afrika (US$11,0 miljard); maar minder dan in West-Afrika (US$56,4 miljard).

De toegevoegde waarde van de industrie per hoofd in Noord-Afrika was in Noord-Afrika groter dan in West-Afrika (US$361,0), in Centraal-Afrika (US$183,0) en in Oost-Afrika (US$68,3); maar minder dan in Zuidelijk Afrika (US$849,4). De groei van de industrie in Noord-Afrika was minder dan in Centraal-Afrika (2,7%), in Oost-Afrika (2,4%), in Zuidelijk Afrika (1,5%) en in West-Afrika (-1,8%).

Leiders. De sector van de industrie in Noord-Afrika in de jaren 1980 bestond uit: Algerije (40,6%), Libië (31,0%), Egypte (11,9%), Marokko (10,1%), Tunesië (5,0%), en andere (1,5%). Het aandeel van de industrie in economie van de leiders: Libië (48,7%), Algerije (36,9%), Marokko (27,0%), Tunesië (26,4%) en Egypte (25,4%). De sector van de industrie per hoofd in Noord-Afrika onder de leiders: Libië ($3.808,7), Algerije ($854,7), Tunesië ($321,0), Marokko ($211,2) en Egypte ($113,7). De groei van de industrie onder de leiders: Egypte (6,4%), Tunesië (3,4%), Marokko (2,9%), Algerije (1,9%) en Libië (-6,4%).

de jaren 1990

De industrie van Noord-Afrika bedroeg in de jaren 1990 US$59,5 miljard per jaar, en was vergelijkbaar met Saoedi-Arabië (US$60,5 miljard). Het aandeel in de wereld was 0,89%, en 37,7% in Afrika.

Het aandeel van de industrie in de economie van Noord-Afrika was 29,4% in de jaren 1990, en was vergelijkbaar met Bahrein (29,4%), Slowakije (29,5%), Noorwegen (29,3%).

De toegevoegde waarde van de industrie per hoofd in Noord-Afrika was $372,5 in de jaren 1990s, en was vergelijkbaar met Saint Lucia (US$373,4), Equatoriaal-Guinea (US$376,9), Suriname (US$378,2). De industrie per hoofd in Noord-Afrika was in 3,2 keer lager dan de industrie per hoofd van de bevolking in de wereld ($1.175,6), en was 67,2% hoger dan de industrie per hoofd van de bevolking in Afrika ($1.175,6).

De groei van de industrie in Noord-Afrika bedroeg 2.2% in de jaren 1990, en was vergelijkbaar met Botswana (2,2%), Australazië (2,2%). De groei van de industrie in Noord-Afrika (2,2%) was minder dan de groei van de industrie in de wereld (2,5%), was groter dan de groei van de industrie in Afrika (1,3%).

Vergelijking met subregio's. De sector van de industrie in Noord-Afrika was groter dan in Zuidelijk Afrika (US$42,1 miljard), in West-Afrika (US$30,3 miljard), in Centraal-Afrika (US$14,4 miljard) en in Oost-Afrika (US$11,5 miljard). De waarde van de industrie per hoofd in Noord-Afrika was in Noord-Afrika groter dan in Centraal-Afrika (US$174,5), in West-Afrika (US$148,8) en in Oost-Afrika (US$53,3); maar minder dan in Zuidelijk Afrika (US$903,4). De groei van de industrie in Noord-Afrika was groter dan in West-Afrika (0,92%), in Zuidelijk Afrika (0,44%) en in Centraal-Afrika (-1,2%); maar minder dan in Oost-Afrika (2,4%).

Leiders. De industrie van Noord-Afrika in de jaren 1990 bestond uit: Algerije (29,7%), Egypte (28,1%), Libië (20,1%), Marokko (13,9%), Tunesië (6,8%), en andere (1,3%). Het aandeel van de industrie in economie van de leiders: Algerije (38,1%), Libië (33,4%), Egypte (28,2%), Marokko (25,3%) en Tunesië (24,2%). De waarde van de industrie per hoofd in Noord-Afrika onder de leiders: Libië ($2.452,6), Algerije ($622,9), Tunesië ($452,2), Marokko ($309,6) en Egypte ($270,7). De groei van de industrie onder de leiders: Marokko (3,6%), Egypte (3,5%), Algerije (1,9%), Libië (1,3%) en Tunesië (1,1%).

de jaren 2000

De industrie van Noord-Afrika bedroeg in de jaren 2000 US$139,0 miljard per jaar. Het aandeel in de wereld was 1,4%, en 43,5% in Afrika.

Het aandeel van de industrie in de economie van Noord-Afrika was 37,5% in de jaren 2000, en was vergelijkbaar met Iran (37,6%).

De toegevoegde waarde van de industrie per hoofd in Noord-Afrika was $730,2 in de jaren 2000s, en was vergelijkbaar met Libanon (US$731,1), Tunesië (US$734,5), Ecuador (US$739,0). De waarde van de industrie per hoofd in Noord-Afrika was in 2,2 keer lager dan de industrie per hoofd van de bevolking in de wereld ($1.573,8), en was in 2,1 keer hoger dan de industrie per hoofd van de bevolking in Afrika ($1.573,8).

De groei van de industrie in Noord-Afrika bedroeg 3.3% in de jaren 2000, en was vergelijkbaar met de Centraal-Afrikaanse Republiek (3,3%). De groei van de industrie in Noord-Afrika (3,3%) was groter dan de groei van de industrie in de wereld (2,9%), was groter dan de groei van de industrie in Afrika (3,1%).

Vergelijking met subregio's. De sector van de industrie in Noord-Afrika was groter dan in Zuidelijk Afrika (US$59,8 miljard), in West-Afrika (US$58,9 miljard), in Centraal-Afrika (US$43,3 miljard) en in Oost-Afrika (US$18,6 miljard). De waarde van de industrie per hoofd in Noord-Afrika was in Noord-Afrika groter dan in Centraal-Afrika (US$390,2), in West-Afrika (US$221,9) en in Oost-Afrika (US$65,3); maar minder dan in Zuidelijk Afrika (US$1.099,0). De groei van de industrie in Noord-Afrika was groter dan in West-Afrika

(2,2%) en in Zuidelijk Afrika (1,3%); maar minder dan in Oost-Afrika (6,0%) en in Centraal-Afrika (5,4%).

Leiders. De industrie van Noord-Afrika in de jaren 2000 bestond uit: Algerije (33,0%), Egypte (24,3%), Libië (24,1%), Marokko (9,2%), Tunesië (5,3%), en andere (4,1%). Het aandeel van de industrie in economie van de leiders: Libië (64,7%), Algerije (48,1%), Egypte (32,0%), Tunesië (25,2%) en Marokko (22,8%). De toegevoegde waarde van de industrie per hoofd in Noord-Afrika onder de leiders: Libië ($5.812,6), Algerije ($1.389,0), Tunesië ($734,5), Egypte ($450,6) en Marokko ($423,8). De groei van de industrie onder de leiders: Egypte (5,0%), Marokko (4,0%), Libië (2,4%), Tunesië (1,7%) en Algerije (1,2%).

de jaren 2010

De sector van de industrie in Noord-Afrika bedroeg in de jaren 2010 US$212,1 miljard per jaar. Het aandeel in de wereld was 1,2%, en 37,1% in Afrika.

Het aandeel van de industrie in de economie van Noord-Afrika was 30,7% in de jaren 2010, en was vergelijkbaar met Oost-Azië (30,7%), Centraal-Azië (30,6%), Tsjechië (30,6%).

De sector van de industrie per hoofd in Noord-Afrika was $958,1 in de jaren 2010s, en was vergelijkbaar met Polynesië (US$970,8), Bosnië en Herzegovina (US$982,2). De toegevoegde waarde van de industrie per hoofd in Noord-Afrika was in 2,4 keer lager dan de industrie per hoofd van de bevolking in de wereld ($2.320,9), en was 95,9% hoger dan de industrie per hoofd van de bevolking in Afrika ($2.320,9).

De groei van de industrie in Noord-Afrika bedroeg -3% in de jaren 2010. De groei van de industrie in Noord-Afrika (-3,0%) was minder dan de groei van de industrie in de wereld (3,5%), was minder dan de groei van de industrie in Afrika (0,035%).

Vergelijking met subregio's. De waarde van de industrie in Noord-Afrika was 59,9% groter dan in West-Afrika (US$132,7 miljard), 2,3 keer groter dan in Zuidelijk Afrika (US$91,3 miljard), 2,3 keer groter dan in Centraal-Afrika (US$90,5 miljard) en 4,7 keer groter dan in Oost-Afrika (US$44,9 miljard). De waarde van de industrie per hoofd in Noord-Afrika was in Noord-Afrika61,3% groter dan in Centraal-Afrika (US$594,0), 2,5 keer groter dan in West-Afrika (US$381,4) en 8,2 keer groter dan in Oost-Afrika (US$116,9); maar 34,4% minder dan in Zuidelijk Afrika (US$1.459,9). De groei van de industrie in Noord-Afrika was minder dan in Oost-Afrika (5,4%), in West-Afrika (3,3%), in Centraal-Afrika (2,0%) en in Zuidelijk Afrika (0,89%).

Leiders. De waarde van de industrie in Noord-Afrika in de jaren 2010 bestond uit: Egypte (39,4%), Algerije (27,6%), Libië (13,1%), Marokko (10,3%), Soedan (5,1%), en andere (4,5%). Het aandeel van de industrie in economie van de leiders: Libië (64,0%), Algerije (33,0%), Egypte (31,7%), Marokko (22,9%) en Soedan (15,2%). De industrie per hoofd in Noord-Afrika onder de leiders: Libië ($4.327,3), Algerije ($1.487,5), Egypte ($913,5), Marokko ($632,6) en Soedan ($278,7). De groei van de industrie onder de leiders: Marokko (5,5%), Egypte (1,3%), Algerije (-1,1%), Soedan (-1,5%) en Libië (-17,5%).

Hoofdstuk 5.1. Fabricage

(ISIC D)

De sector van de fabricage in Noord-Afrika steeg van US$6,3 miljard per jaar in de jaren 1970 tot US$81,4 miljard per jaar in de jaren 2010, dat wil zeggen met US$75,1 miljard of 12,9 keer. De verandering vond plaats op US$42,0 miljard als gevolg van een 2,1-voudige stijging van de prijzen, en ook op US$25,0 miljard als gevolg van een 2,7-voudige toename van de productiviteit , evenals op US$8,1 miljard als gevolg van de toename van de bevolking. De gemiddelde jaarlijkse groei van de fabricage is 4,6%. De minimumwaarde van de fabricage bedroeg US$3,2 miljard in 1970. De maximumwaarde van de fabricage bedroeg US$90,8 miljard in 2014.

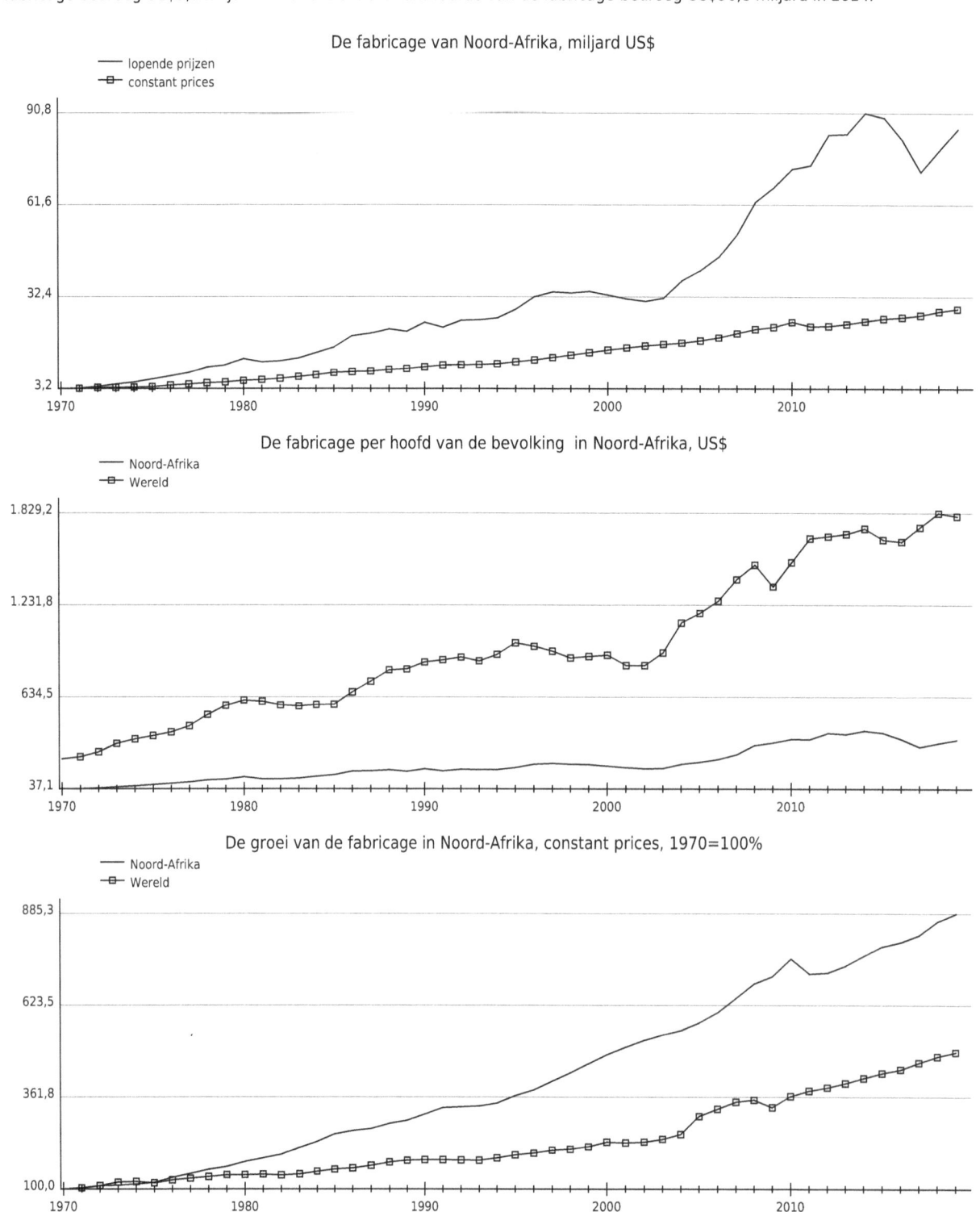

De fabricage van Noord-Afrika, miljard US$

De fabricage per hoofd van de bevolking in Noord-Afrika, US$

De groei van de fabricage in Noord-Afrika, constant prices, 1970=100%

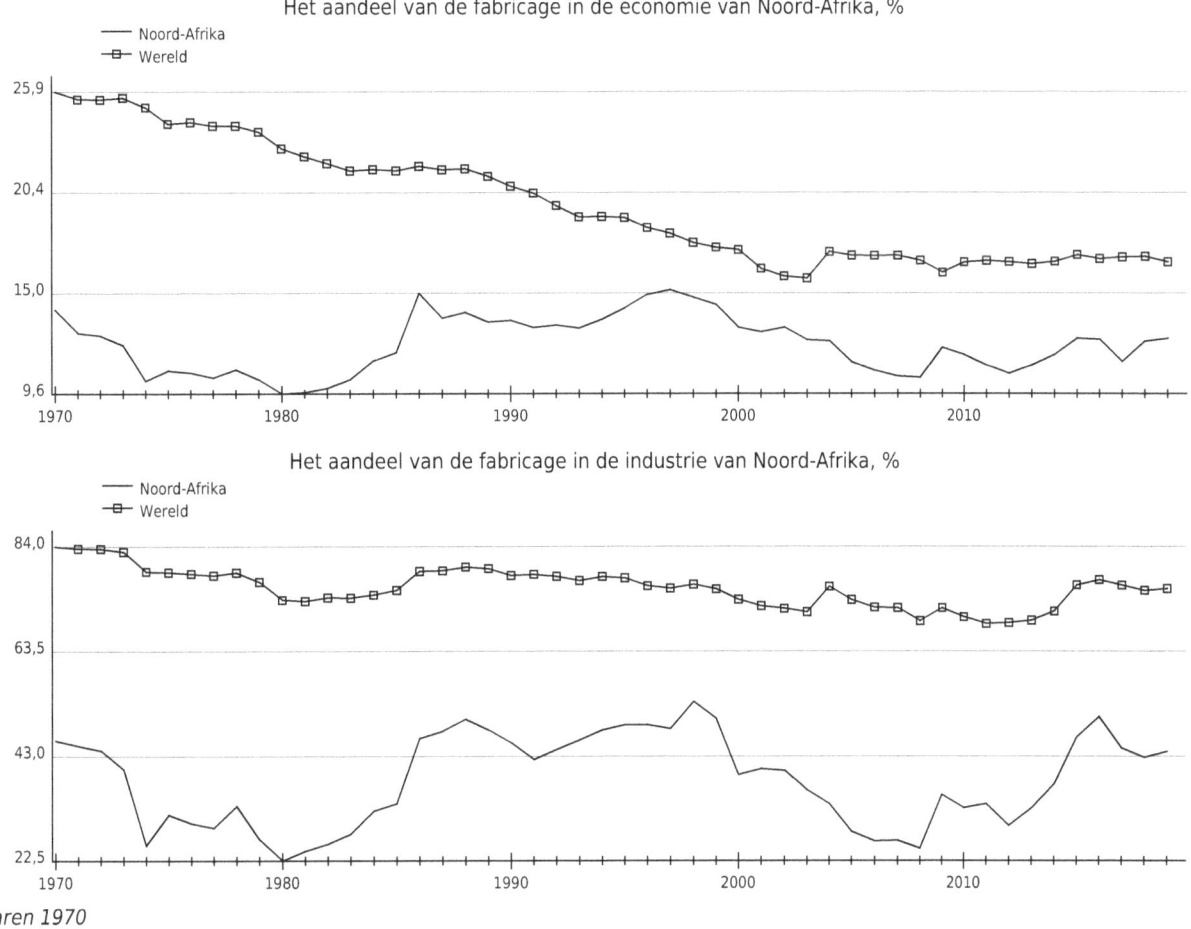

Het aandeel van de fabricage in de economie van Noord-Afrika, %

de jaren 1970

De waarde van de fabricage in Noord-Afrika bedroeg in de jaren 1970 US$6,3 miljard per jaar, en was vergelijkbaar met Denemarken (US$6,2 miljard). Het aandeel in de wereld was 0,41%, en 15,4% in Afrika.

Het aandeel van de fabricage in de economie van Noord-Afrika was 11,1% in de jaren 1970, en was vergelijkbaar met Belize (11,0%).

De fabricage per hoofd in Noord-Afrika was $65,2 in de jaren 1970s, en was vergelijkbaar met Palestina (US$64,6). De toegevoegde waarde van de fabricage per hoofd in Noord-Afrika was in 5,9 keer lager dan de fabricage per hoofd van de bevolking in de wereld ($383,2), en was 34,4% lager dan de fabricage per hoofd van de bevolking in Afrika ($383,2).

De groei van de fabricage in Noord-Afrika bedroeg 5.6% in de jaren 1970, en was vergelijkbaar met Ierland (5,6%), Azië (5,6%), Micronesië (5,6%). De groei van de fabricage in Noord-Afrika (5,6%) was groter dan de groei van de fabricage in de wereld (3,8%), was groter dan de groei van de fabricage in Afrika (4,9%).

Vergelijking met subregio's. De waarde van de fabricage in Noord-Afrika was groter dan in Oost-Afrika (US$5,3 miljard) en in Centraal-Afrika (US$2,1 miljard); maar minder dan in West-Afrika (US$19,8 miljard) en in Zuidelijk Afrika (US$7,2 miljard). De fabricage per hoofd in Noord-Afrika was in Noord-Afrika groter dan in Centraal-Afrika (US$47,0) en in Oost-Afrika (US$44,2); maar minder dan in Zuidelijk Afrika (US$255,9) en in West-Afrika (US$166,0). De groei van de fabricage in Noord-Afrika was groter dan in Oost-Afrika (5,0%), in Zuidelijk Afrika (4,9%) en in Centraal-Afrika (-0,67%); maar minder dan in West-Afrika (9,1%).

Leiders. De waarde van de fabricage in Noord-Afrika in de jaren 1970 bestond uit: Egypte (32,9%), Marokko (28,1%), Algerije (23,2%), Tunesië (6,9%), Libië (4,6%), en andere (4,2%). Het aandeel van de fabricage in economie van de leiders: Marokko (20,0%), Egypte (17,0%), Tunesië (11,7%), Algerije (9,4%) en Libië (2,1%). De toegevoegde waarde van de fabricage per hoofd in Noord-Afrika onder de leiders: Libië ($111,0), Marokko ($100,2), Algerije ($88,7), Tunesië ($77,2) en Egypte ($54,2). De groei van de fabricage onder de leiders: Tunesië (12,0%), Libië (11,0%), Algerije (8,7%), Marokko (5,7%) en Egypte (3,2%).

de jaren 1980

De waarde van de fabricage in Noord-Afrika bedroeg in de jaren 1980 US$16,5 miljard per jaar, en was vergelijkbaar met Venezuela

(US$16,4 miljard). Het aandeel in de wereld was 0,52%, en 19,3% in Afrika.

Het aandeel van de fabricage in de economie van Noord-Afrika was 12,0% in de jaren 1980.

De waarde van de fabricage per hoofd in Noord-Afrika was $130,4 in de jaren 1980s, en was vergelijkbaar met Irak (US$130,9), Oman (US$132,1). De sector van de fabricage per hoofd in Noord-Afrika was in 5,1 keer lager dan de fabricage per hoofd van de bevolking in de wereld ($661,2), en was 17,2% lager dan de fabricage per hoofd van de bevolking in Afrika ($661,2).

De groei van de fabricage in Noord-Afrika bedroeg 6.1% in de jaren 1980, en was vergelijkbaar met Antigua en Barbuda (6,1%), Zuid-Azië (6,1%). De groei van de fabricage in Noord-Afrika (6,1%) was groter dan de groei van de fabricage in de wereld (2,6%), was groter dan de groei van de fabricage in Afrika (2,0%).

Vergelijking met subregio's. De waarde van de fabricage in Noord-Afrika was groter dan in Oost-Afrika (US$8,8 miljard) en in Centraal-Afrika (US$4,3 miljard); maar minder dan in West-Afrika (US$38,1 miljard) en in Zuidelijk Afrika (US$17,7 miljard). De waarde van de fabricage per hoofd in Noord-Afrika was in Noord-Afrika groter dan in Centraal-Afrika (US$71,8) en in Oost-Afrika (US$54,4); maar minder dan in Zuidelijk Afrika (US$482,3) en in West-Afrika (US$243,7). De groei van de fabricage in Noord-Afrika was groter dan in Oost-Afrika (3,1%), in Zuidelijk Afrika (2,5%), in Centraal-Afrika (1,8%) en in West-Afrika (-1,1%).

Leiders. De toegevoegde waarde van de fabricage in Noord-Afrika in de jaren 1980 bestond uit: Algerije (36,7%), Marokko (22,6%), Egypte (20,8%), Tunesië (8,7%), Libië (7,7%), en andere (3,5%). Het aandeel van de fabricage in economie van de leiders: Marokko (21,4%), Tunesië (16,4%), Egypte (15,7%), Algerije (11,8%) en Libië (4,3%). De waarde van de fabricage per hoofd in Noord-Afrika onder de leiders: Libië ($333,4), Algerije ($272,9), Tunesië ($199,0), Marokko ($167,4) en Egypte ($70,1). De groei van de fabricage onder de leiders: Egypte (7,6%), Tunesië (7,2%), Libië (7,0%), Algerije (4,5%) en Marokko (3,6%).

de jaren 1990

De toegevoegde waarde van de fabricage in Noord-Afrika bedroeg in de jaren 1990 US$28,5 miljard per jaar. Het aandeel in de wereld was 0,55%, en 32,3% in Afrika.

Het aandeel van de fabricage in de economie van Noord-Afrika was 14,1% in de jaren 1990, en was vergelijkbaar met Mozambique (14,1%), Togo (14,1%), Nieuw-Caledonië (14,0%).

De toegevoegde waarde van de fabricage per hoofd in Noord-Afrika was $178,5 in de jaren 1990s, en was vergelijkbaar met Senegal (US$179,9), Egypte (US$180,7). De toegevoegde waarde van de fabricage per hoofd in Noord-Afrika was in 5,1 keer lager dan de fabricage per hoofd van de bevolking in de wereld ($908,4), en was 43,1% hoger dan de fabricage per hoofd van de bevolking in Afrika ($908,4).

De groei van de fabricage in Noord-Afrika bedroeg 4.4% in de jaren 1990, en was vergelijkbaar met Zuidwest-Azië (4,4%), Israël (4,5%). De groei van de fabricage in Noord-Afrika (4,4%) was groter dan de groei van de fabricage in de wereld (2,0%), was groter dan de groei van de fabricage in Afrika (0,55%).

Vergelijking met subregio's. De toegevoegde waarde van de fabricage in Noord-Afrika was groter dan in Zuidelijk Afrika (US$27,4 miljard), in West-Afrika (US$19,7 miljard), in Oost-Afrika (US$8,8 miljard) en in Centraal-Afrika (US$4,0 miljard). De fabricage per hoofd in Noord-Afrika was in Noord-Afrika groter dan in West-Afrika (US$96,7), in Centraal-Afrika (US$48,8) en in Oost-Afrika (US$40,6); maar minder dan in Zuidelijk Afrika (US$586,9). De groei van de fabricage in Noord-Afrika was groter dan in Oost-Afrika (2,8%), in Zuidelijk Afrika (0,54%), in West-Afrika (-0,68%) en in Centraal-Afrika (-7,1%).

Leiders. De sector van de fabricage in Noord-Afrika in de jaren 1990 bestond uit: Egypte (39,2%), Marokko (23,8%), Algerije (15,7%), Tunesië (11,0%), Libië (8,1%), en andere (2,1%). Het aandeel van de fabricage in economie van de leiders: Marokko (20,8%), Egypte (18,8%), Tunesië (18,7%), Algerije (9,7%) en Libië (6,5%). De waarde van de fabricage per hoofd in Noord-Afrika onder de leiders: Libië ($475,7), Tunesië ($348,8), Marokko ($254,3), Egypte ($180,7) en Algerije ($158,1). De groei van de fabricage onder de leiders: Egypte (6,2%), Tunesië (4,6%), Marokko (3,4%), Libië (2,7%) en Algerije (-1,3%).

de jaren 2000

De fabricage van Noord-Afrika bedroeg in de jaren 2000 US$43,3 miljard per jaar. Het aandeel in de wereld was 0,58%, en 32,9% in Afrika.

Het aandeel van de fabricage in de economie van Noord-Afrika was 11,7% in de jaren 2000, en was vergelijkbaar met IJsland (11,6%),

Zimbabwe (11,6%), Armenië (11,6%).

De fabricage per hoofd in Noord-Afrika was $227,2 in de jaren 2000s, en was vergelijkbaar met Antigua en Barbuda (US$227,1), Grenada (US$227,7). De fabricage per hoofd in Noord-Afrika was in 5,0 keer lager dan de fabricage per hoofd van de bevolking in de wereld ($1.138,1), en was 56,9% hoger dan de fabricage per hoofd van de bevolking in Afrika ($1.138,1).

De groei van de fabricage in Noord-Afrika bedroeg 4.4% in de jaren 2000, en was vergelijkbaar met Gabon (4,4%), Singapore (4,4%), Ecuador (4,5%). De groei van de fabricage in Noord-Afrika (4,4%) was groter dan de groei van de fabricage in de wereld (4,2%), was groter dan de groei van de fabricage in Afrika (3,5%).

Vergelijking met subregio's. De waarde van de fabricage in Noord-Afrika was groter dan in Zuidelijk Afrika (US$36,4 miljard), in West-Afrika (US$30,6 miljard), in Oost-Afrika (US$12,0 miljard) en in Centraal-Afrika (US$9,1 miljard). De sector van de fabricage per hoofd in Noord-Afrika was in Noord-Afrika groter dan in West-Afrika (US$115,4), in Centraal-Afrika (US$81,7) en in Oost-Afrika (US$42,0); maar minder dan in Zuidelijk Afrika (US$668,5). De groei van de fabricage in Noord-Afrika was groter dan in Oost-Afrika (3,8%), in Zuidelijk Afrika (2,7%) en in West-Afrika (1,9%); maar minder dan in Centraal-Afrika (4,7%).

Leiders. De toegevoegde waarde van de fabricage in Noord-Afrika in de jaren 2000 bestond uit: Egypte (41,3%), Marokko (23,7%), Tunesië (12,2%), Algerije (10,6%), Soedan (6,4%), en andere (5,7%). Het aandeel van de fabricage in economie van de leiders: Marokko (18,2%), Tunesië (18,0%), Egypte (16,9%), Soedan (7,9%) en Algerije (4,8%). De sector van de fabricage per hoofd in Noord-Afrika onder de leiders: Tunesië ($525,1), Marokko ($337,8), Egypte ($238,2), Algerije ($139,4) en Soedan ($73,2). De groei van de fabricage onder de leiders: Soedan (9,1%), Egypte (4,9%), Algerije (3,8%), Tunesië (3,4%) en Marokko (3,2%).

de jaren 2010

De toegevoegde waarde van de fabricage in Noord-Afrika bedroeg in de jaren 2010 US$81,4 miljard per jaar, en was vergelijkbaar met Saoedi-Arabië (US$80,8 miljard), Ierland (US$80,1 miljard). Het aandeel in de wereld was 0,65%, en 33,8% in Afrika.

Het aandeel van de fabricage in de economie van Noord-Afrika was 11,8% in de jaren 2010, en was vergelijkbaar met Kazachstan (11,8%), Benin (11,8%), Burkina Faso (11,8%).

De fabricage per hoofd in Noord-Afrika was $367,7 in de jaren 2010s, en was vergelijkbaar met Oekraïne (US$364,1), Georgië (US$359,4). De toegevoegde waarde van de fabricage per hoofd in Noord-Afrika was in 4,6 keer lager dan de fabricage per hoofd van de bevolking in de wereld ($1.697,4), en was 78,3% hoger dan de fabricage per hoofd van de bevolking in Afrika ($1.697,4).

De groei van de fabricage in Noord-Afrika bedroeg 2.3% in de jaren 2010, en was vergelijkbaar met de Nederland (2,3%), de Salomonseilanden (2,3%), Namibië (2,3%). De groei van de fabricage in Noord-Afrika (2,3%) was minder dan de groei van de fabricage in de wereld (3,9%), was minder dan de groei van de fabricage in Afrika (3,6%).

Vergelijking met subregio's. De toegevoegde waarde van de fabricage in Noord-Afrika was 29,6% groter dan in West-Afrika (US$62,8 miljard), 73,0% groter dan in Zuidelijk Afrika (US$47,1 miljard), 3,2 keer groter dan in Oost-Afrika (US$25,4 miljard) en 3,4 keer groter dan in Centraal-Afrika (US$24,3 miljard). De sector van de fabricage per hoofd in Noord-Afrika was in Noord-Afrika2,0 keer groter dan in West-Afrika (US$180,5), 2,3 keer groter dan in Centraal-Afrika (US$159,3) en 5,6 keer groter dan in Oost-Afrika (US$66,2); maar 2,0 keer minder dan in Zuidelijk Afrika (US$752,9). De groei van de fabricage in Noord-Afrika was groter dan in Zuidelijk Afrika (1,4%); maar minder dan in West-Afrika (6,6%), in Oost-Afrika (5,4%) en in Centraal-Afrika (3,6%).

Leiders. De sector van de fabricage in Noord-Afrika in de jaren 2010 bestond uit: Egypte (53,2%), Marokko (20,4%), Algerije (9,1%), Tunesië (8,3%), Soedan (6,9%), en andere (2,1%). Het aandeel van de fabricage in economie van de leiders: Marokko (17,4%), Tunesië (16,5%), Egypte (16,4%), Soedan (7,9%) en Algerije (4,2%). De fabricage per hoofd in Noord-Afrika onder de leiders: Tunesië ($607,6), Marokko ($482,5), Egypte ($473,1), Algerije ($189,0) en Soedan ($145,8). De groei van de fabricage onder de leiders: Marokko (5,5%), Soedan (3,8%), Algerije (3,8%), Egypte (2,5%) en Tunesië (1,1%).

Hoofdstuk VI. Constructie

(ISIC F)

De waarde van de constructie in Noord-Afrika steeg van US$4,0 miljard per jaar in de jaren 1970 tot US$43,4 miljard per jaar in de jaren 2010, dat wil zeggen met US$39,4 miljard of 10,7 keer. De verandering vond plaats op US$18,3 miljard als gevolg van een 1,7-voudige stijging van de prijzen, en ook op US$15,8 miljard als gevolg van een 2,7-voudige toename van de productiviteit , evenals op US$5,2 miljard als gevolg van de toename van de bevolking. De gemiddelde jaarlijkse groei van de constructie is 5,0%. De minimumwaarde van de constructie bedroeg US$1,0 miljard in 1970. De maximumwaarde van de constructie bedroeg US$48,8 miljard in 2019.

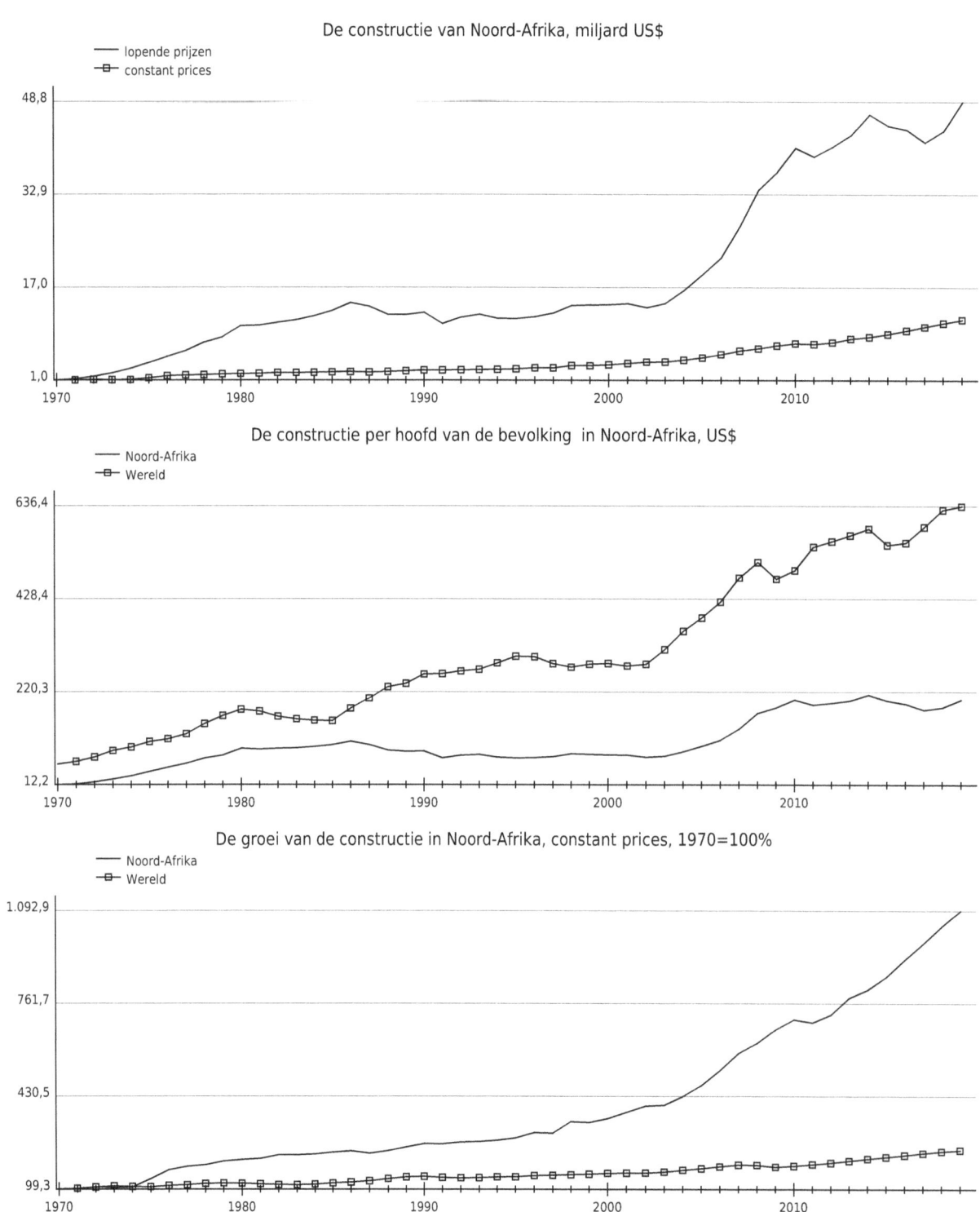

De constructie van Noord-Afrika, miljard US$

De constructie per hoofd van de bevolking in Noord-Afrika, US$

De groei van de constructie in Noord-Afrika, constant prices, 1970=100%

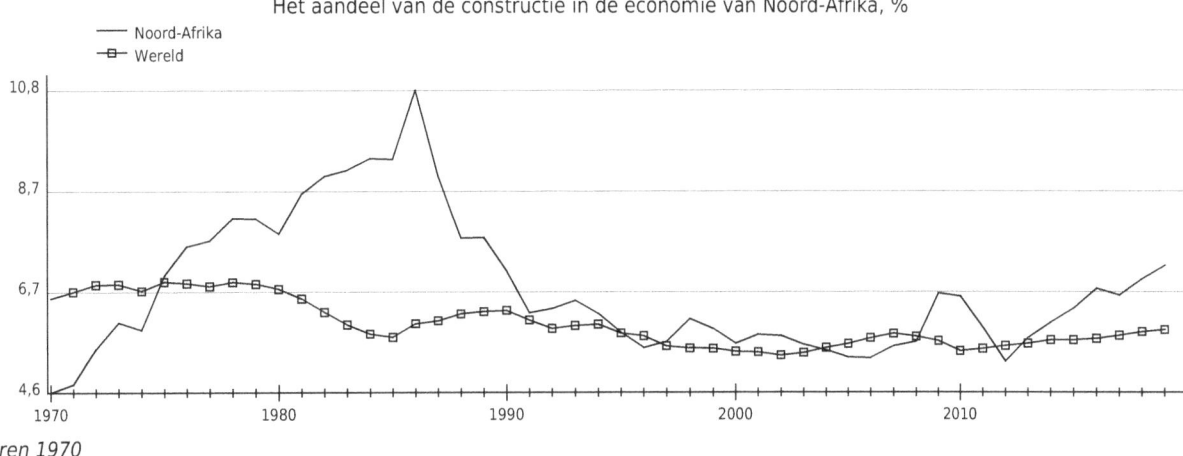

Het aandeel van de constructie in de economie van Noord-Afrika, %

— Noord-Afrika
–□– Wereld

de jaren 1970

De waarde van de constructie in Noord-Afrika bedroeg in de jaren 1970 US$4,0 miljard per jaar. Het aandeel in de wereld was 0,94%, en 24,7% in Afrika.

Het aandeel van de constructie in de economie van Noord-Afrika was 7,1% in de jaren 1970, en was vergelijkbaar met Mauritius (7,1%), Singapore (7,1%), Jemen (7,2%).

De sector van de constructie per hoofd in Noord-Afrika was $41,9 in de jaren 1970s, en was vergelijkbaar met Zuid-Korea (US$41,8), Libanon (US$41,2), de Dominicaanse Republiek (US$41,2). De sector van de constructie per hoofd in Noord-Afrika was in 2,5 keer lager dan de constructie per hoofd van de bevolking in de wereld ($106,1), en was 5,1% hoger dan de constructie per hoofd van de bevolking in Afrika ($106,1).

De groei van de constructie in Noord-Afrika bedroeg 7.9% in de jaren 1970, en was vergelijkbaar met Macau (7,9%), Algerije (7,9%). De groei van de constructie in Noord-Afrika (7,9%) was groter dan de groei van de constructie in de wereld (2,1%), was groter dan de groei van de constructie in Afrika (4,5%).

Vergelijking met subregio's. De sector van de constructie in Noord-Afrika was groter dan in Zuidelijk Afrika (US$1,7 miljard), in Oost-Afrika (US$1,2 miljard) en in Centraal-Afrika (US$1,1 miljard); maar minder dan in West-Afrika (US$8,3 miljard). De waarde van de constructie per hoofd in Noord-Afrika was in Noord-Afrika groter dan in Centraal-Afrika (US$25,0) en in Oost-Afrika (US$10,1); maar minder dan in West-Afrika (US$69,7) en in Zuidelijk Afrika (US$58,8). De groei van de constructie in Noord-Afrika was groter dan in West-Afrika (6,6%), in Zuidelijk Afrika (2,3%), in Centraal-Afrika (1,2%) en in Oost-Afrika (-0,074%).

Leiders. De toegevoegde waarde van de constructie in Noord-Afrika in de jaren 1970 bestond uit: Algerije (35,4%), Libië (30,2%), Marokko (13,1%), Egypte (11,6%), Tunesië (6,1%), en andere (3,5%). Het aandeel van de constructie in economie van de leiders: Algerije (9,2%), Libië (9,1%), Tunesië (6,6%), Marokko (6,0%) en Egypte (3,9%). De toegevoegde waarde van de constructie per hoofd in Noord-Afrika onder de leiders: Libië ($469,8), Algerije ($87,0), Tunesië ($44,0), Marokko ($30,1) en Egypte ($12,3). De groei van de constructie onder de leiders: Egypte (9,5%), Marokko (8,5%), Algerije (7,9%), Libië (7,0%) en Tunesië (4,8%).

de jaren 1980

De constructie van Noord-Afrika bedroeg in de jaren 1980 US$12,1 miljard per jaar. Het aandeel in de wereld was 1,3%, en 41,9% in Afrika.

Het aandeel van de constructie in de economie van Noord-Afrika was 8,8% in de jaren 1980, en was vergelijkbaar met Spanje (8,9%).

De waarde van de constructie per hoofd in Noord-Afrika was $95,8 in de jaren 1980s, en was vergelijkbaar met Grenada (US$96,6). De sector van de constructie per hoofd in Noord-Afrika was 48,6% lager dan de constructie per hoofd van de bevolking in de wereld ($186,2), en was 79,8% hoger dan de constructie per hoofd van de bevolking in Afrika ($186,2).

De groei van de constructie in Noord-Afrika bedroeg 2.3% in de jaren 1980. De groei van de constructie in Noord-Afrika (2,3%) was groter dan de groei van de constructie in de wereld (1,7%), was groter dan de groei van de constructie in Afrika (0,41%).

Vergelijking met subregio's. De waarde van de constructie in Noord-Afrika was groter dan in West-Afrika (US$9,7 miljard), in Zuidelijk Afrika (US$3,1 miljard), in Centraal-Afrika (US$2,1 miljard) en in Oost-Afrika (US$1,9 miljard). De waarde van de constructie per hoofd in Noord-Afrika was in Noord-Afrika groter dan in Zuidelijk Afrika (US$83,5), in West-Afrika (US$62,4), in Centraal-Afrika (US$34,6) en in Oost-Afrika (US$11,6). De groei van de constructie in Noord-Afrika was groter dan in Centraal-Afrika (0,98%), in Oost-Afrika (0,82%), in Zuidelijk Afrika (-0,11%) en in West-Afrika (-3,3%).

Leiders. De sector van de constructie in Noord-Afrika in de jaren 1980 bestond uit: Algerije (54,8%), Libië (20,0%), Egypte (10,0%), Marokko (7,5%), Tunesië (4,4%), en andere (3,3%). Het aandeel van de constructie in economie van de leiders: Algerije (12,9%), Libië (8,2%), Tunesië (6,1%), Egypte (5,5%) en Marokko (5,2%). De sector van de constructie per hoofd in Noord-Afrika onder de leiders: Libië ($637,3), Algerije ($299,2), Tunesië ($73,9), Marokko ($40,7) en Egypte ($24,7). De groei van de constructie onder de leiders: Egypte (5,2%), Tunesië (1,8%), Algerije (1,6%), Marokko (-0,048%) en Libië (-1,3%).

de jaren 1990

De waarde van de constructie in Noord-Afrika bedroeg in de jaren 1990 US$12,3 miljard per jaar. Het aandeel in de wereld was 0,78%, en 50,3% in Afrika.

Het aandeel van de constructie in de economie van Noord-Afrika was 6,1% in de jaren 1990, en was vergelijkbaar met Mauritius (6,1%), Brazilië (6,1%), Uruguay (6,1%).

De sector van de constructie per hoofd in Noord-Afrika was $77,2 in de jaren 1990s. De sector van de constructie per hoofd in Noord-Afrika was in 3,6 keer lager dan de constructie per hoofd van de bevolking in de wereld ($278,6), en was in 2,2 keer hoger dan de constructie per hoofd van de bevolking in Afrika ($278,6).

De groei van de constructie in Noord-Afrika bedroeg 3.1% in de jaren 1990, en was vergelijkbaar met Angola (3,0%). De groei van de constructie in Noord-Afrika (3,1%) was groter dan de groei van de constructie in de wereld (0,71%), was groter dan de groei van de constructie in Afrika (2,8%).

Vergelijking met subregio's. De sector van de constructie in Noord-Afrika was groter dan in Zuidelijk Afrika (US$4,8 miljard), in West-Afrika (US$3,1 miljard), in Oost-Afrika (US$2,4 miljard) en in Centraal-Afrika (US$1,9 miljard). De bouw per hoofd in Noord-Afrika was in Noord-Afrika groter dan in Centraal-Afrika (US$22,8), in West-Afrika (US$15,3) en in Oost-Afrika (US$11,1); maar minder dan in Zuidelijk Afrika (US$102,6). De groei van de constructie in Noord-Afrika was groter dan in Centraal-Afrika (1,8%) en in Zuidelijk Afrika (-0,55%); maar minder dan in West-Afrika (4,8%) en in Oost-Afrika (3,8%).

Leiders. De waarde van de constructie in Noord-Afrika in de jaren 1990 bestond uit: Algerije (37,0%), Egypte (23,1%), Libië (17,6%), Marokko (10,8%), Tunesië (6,7%), en andere (4,7%). Het aandeel van de constructie in economie van de leiders: Algerije (9,8%), Libië (6,1%), Tunesië (4,9%), Egypte (4,8%) en Marokko (4,1%). De waarde van de constructie per hoofd in Noord-Afrika onder de leiders: Libië ($445,4), Algerije ($160,9), Tunesië ($91,7), Marokko ($49,7) en Egypte ($46,1). De groei van de constructie onder de leiders: Tunesië (5,2%), Egypte (3,6%), Libië (2,6%), Algerije (2,0%) en Marokko (1,0%).

de jaren 2000

De toegevoegde waarde van de constructie in Noord-Afrika bedroeg in de jaren 2000 US$21,1 miljard per jaar, en was vergelijkbaar met Polen (US$21,3 miljard). Het aandeel in de wereld was 0,85%, en 43,3% in Afrika.

Het aandeel van de constructie in de economie van Noord-Afrika was 5,7% in de jaren 2000, en was vergelijkbaar met de Caraïben (5,7%), Palestina (5,7%), Oost-Azië (5,7%).

De bouw per hoofd in Noord-Afrika was $111,0 in de jaren 2000s, en was vergelijkbaar met China (US$113,1). De toegevoegde waarde van de constructie per hoofd in Noord-Afrika was in 3,4 keer lager dan de constructie per hoofd van de bevolking in de wereld ($381,3), en was in 2,1 keer hoger dan de constructie per hoofd van de bevolking in Afrika ($381,3).

De groei van de constructie in Noord-Afrika bedroeg 7.1% in de jaren 2000, en was vergelijkbaar met Burundi (7,0%), Zuidwest-Azië (7,1%). De groei van de constructie in Noord-Afrika (7,1%) was groter dan de groei van de constructie in de wereld (1,5%), was minder dan de groei van de constructie in Afrika (8,4%).

Vergelijking met subregio's. De constructie van Noord-Afrika was groter dan in West-Afrika (US$8,6 miljard), in Zuidelijk Afrika (US$7,2 miljard), in Oost-Afrika (US$6,2 miljard) en in Centraal-Afrika (US$5,5 miljard). De sector van de constructie per hoofd Noord-Afrika was in Noord-Afrika groter dan in Centraal-Afrika (US$50,0), in West-Afrika (US$32,5) en in Oost-Afrika (US$21,7); maar minder dan in Zuidelijk Afrika (US$133,0). De groei van de constructie in Noord-Afrika was minder dan in Centraal-Afrika (13,7%), in Oost-Afrika (9,1%), in Zuidelijk Afrika (8,2%) en in West-Afrika (7,7%).

Leiders. De waarde van de constructie in Noord-Afrika in de jaren 2000 bestond uit: Algerije (36,6%), Egypte (21,8%), Marokko (15,3%), Libië (13,5%), Soedan (6,7%), en andere (6,1%). Het aandeel van de constructie in economie van de leiders: Algerije (8,1%), Marokko (5,7%), Libië (5,5%), Egypte (4,4%) en Soedan (4,0%). De toegevoegde waarde van de constructie per hoofd in Noord-Afrika onder de leiders: Libië ($494,5), Algerije ($234,1), Marokko ($106,5), Egypte ($61,4) en Soedan ($37,4). De groei van de constructie onder de leiders: Libië (10,6%), Soedan (9,3%), Algerije (8,4%), Marokko (7,2%) en Egypte (5,0%).

de jaren 2010

De bouw van Noord-Afrika bedroeg in de jaren 2010 US$43,4 miljard per jaar. Het aandeel in de wereld was 1,0%, en 34,0% in Afrika.

Het aandeel van de constructie in de economie van Noord-Afrika was 6,3% in de jaren 2010, en was vergelijkbaar met de Caraïben (6,3%), Dominica (6,2%), Vietnam (6,2%).

De bouw per hoofd in Noord-Afrika was $196,1 in de jaren 2010s, en was vergelijkbaar met El Salvador (US$193,9). De waarde van de constructie per hoofd in Noord-Afrika was in 2,9 keer lager dan de constructie per hoofd van de bevolking in de wereld ($572,1), en was 79,2% hoger dan de constructie per hoofd van de bevolking in Afrika ($572,1).

De groei van de constructie in Noord-Afrika bedroeg 5% in de jaren 2010, en was vergelijkbaar met Groenland (5,1%), Nepal (5,1%), Eritrea (5,1%). De groei van de constructie in Noord-Afrika (5,0%) was groter dan de groei van de constructie in de wereld (2,9%), was minder dan de groei van de constructie in Afrika (5,8%).

Vergelijking met subregio's. De toegevoegde waarde van de constructie in Noord-Afrika was 64,6% groter dan in West-Afrika (US$26,4 miljard), 78,4% groter dan in Oost-Afrika (US$24,3 miljard), 2,2 keer groter dan in Centraal-Afrika (US$19,4 miljard) en 3,0 keer groter dan in Zuidelijk Afrika (US$14,4 miljard). De toegevoegde waarde van de constructie per hoofd in Noord-Afrika was in Noord-Afrika54,1% groter dan in Centraal-Afrika (US$127,3), 2,6 keer groter dan in West-Afrika (US$75,8) en 3,1 keer groter dan in Oost-Afrika (US$63,3); maar 14,6% minder dan in Zuidelijk Afrika (US$229,7). De groei van de constructie in Noord-Afrika was groter dan in Centraal-Afrika (3,1%) en in Zuidelijk Afrika (1,3%); maar minder dan in Oost-Afrika (11,6%) en in West-Afrika (6,5%).

Leiders. De sector van de constructie in Noord-Afrika in de jaren 2010 bestond uit: Algerije (43,3%), Egypte (30,2%), Marokko (13,6%), Soedan (5,8%), Tunesië (4,2%), en andere (2,8%). Het aandeel van de constructie in economie van de leiders: Algerije (10,6%), Marokko (6,2%), Egypte (5,0%), Tunesië (4,5%) en Soedan (3,6%). De toegevoegde waarde van de constructie per hoofd in Noord-Afrika onder de leiders: Algerije ($477,2), Marokko ($171,4), Tunesië ($164,8), Egypte ($143,5) en Soedan ($65,9). De groei van de constructie onder de leiders: Egypte (7,6%), Algerije (6,1%), Marokko (4,1%), Soedan (1,4%) en Tunesië (0,68%).

Hoofdstuk VII. Vervoer

Transport, opslag en communicatie (ISIC I)

Het transport van Noord-Afrika steeg van US$3,1 miljard per jaar in de jaren 1970 tot US$60,3 miljard per jaar in de jaren 2010, dat wil zeggen met US$57,2 miljard of 19,6 keer. De verandering vond plaats op US$30,2 miljard als gevolg van een 2,0-voudige stijging van de prijzen, en ook op US$23,0 miljard als gevolg van een 4,3-voudige toename van de productiviteit , evenals op US$4,0 miljard als gevolg van de toename van de bevolking. De gemiddelde jaarlijkse groei van het transport is 6,2%. De minimumwaarde van het transport bedroeg US$1,1 miljard in 1970. De maximumwaarde van het transport bedroeg US$68,5 miljard in 2014.

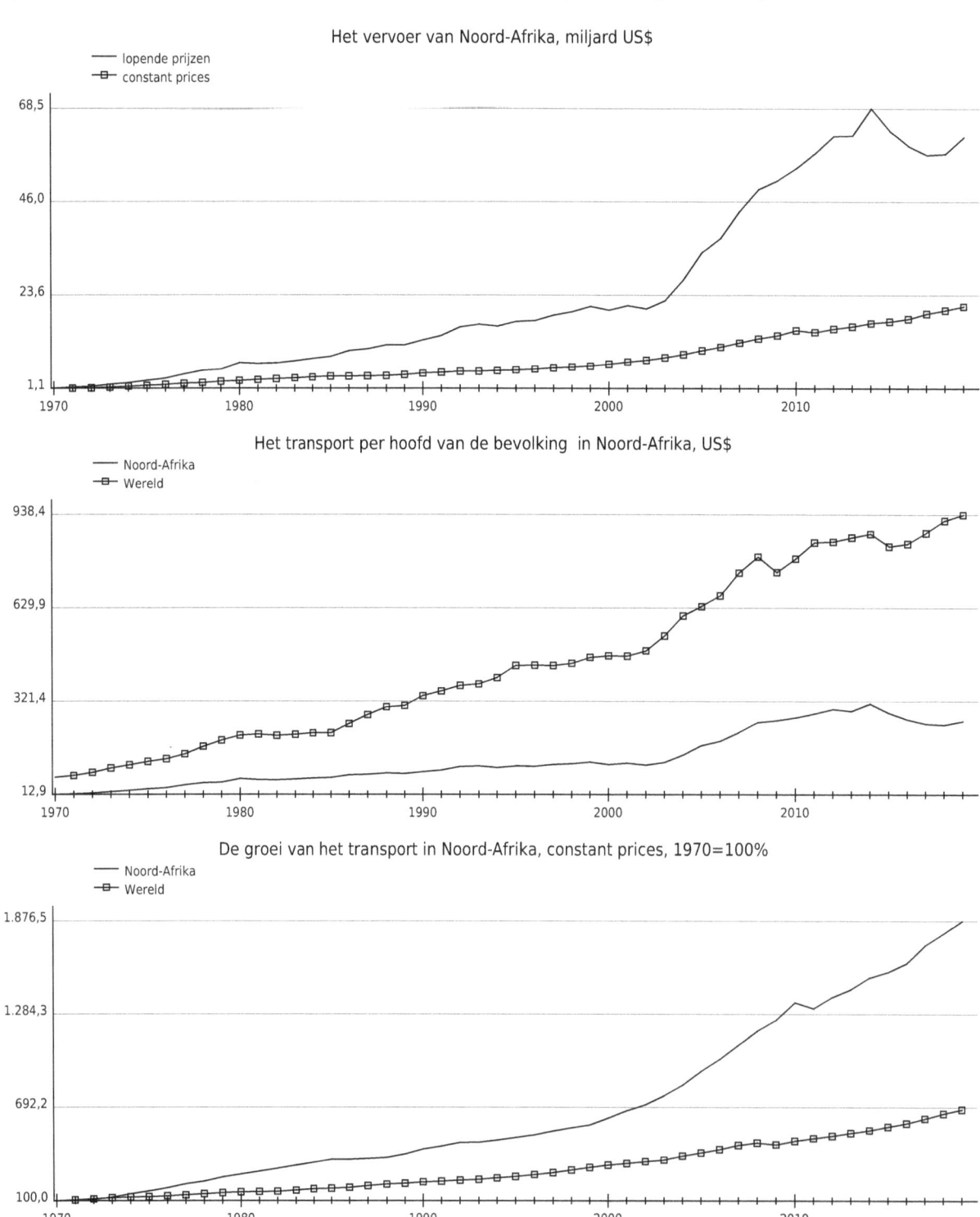

Het vervoer van Noord-Afrika, miljard US$

Het transport per hoofd van de bevolking in Noord-Afrika, US$

De groei van het transport in Noord-Afrika, constant prices, 1970=100%

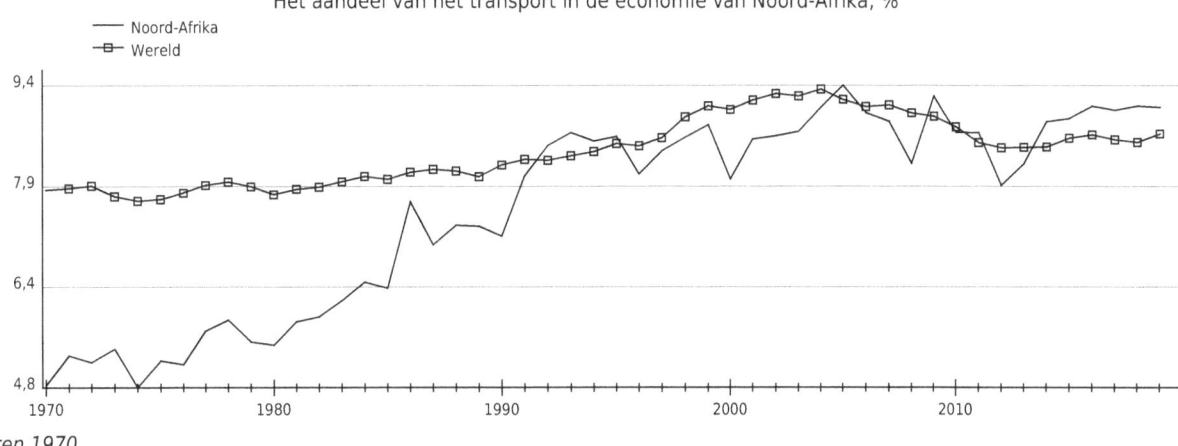

Het aandeel van het transport in de economie van Noord-Afrika, %

de jaren 1970

De sector van het transport in Noord-Afrika bedroeg in de jaren 1970 US$3,1 miljard per jaar, en was vergelijkbaar met Oostenrijk (US$3,1 miljard). Het aandeel in de wereld was 0,62%, en 13,4% in Afrika.

Het aandeel van het transport in de economie van Noord-Afrika was 5,4% in de jaren 1970, en was vergelijkbaar met Iran (5,4%), Bahrein (5,5%).

De toegevoegde waarde van het transport per hoofd in Noord-Afrika was $31,8 in de jaren 1970s, en was vergelijkbaar met Zambia (US$32,6). De sector van het transport per hoofd in Noord-Afrika was in 3,8 keer lager dan het transport per hoofd van de bevolking in de wereld ($122,3), en was 43,0% lager dan het transport per hoofd van de bevolking in Afrika ($122,3).

De groei van het transport in Noord-Afrika bedroeg 10.7% in de jaren 1970, en was vergelijkbaar met Centraal-Amerika (10,6%), de Turks- en Caicoseilanden (10,7%). De groei van het transport in Noord-Afrika (10,7%) was groter dan de groei van het transport in de wereld (4,6%), was groter dan de groei van het transport in Afrika (6,8%).

Vergelijking met subregio's. De sector van het transport in Noord-Afrika was groter dan in Oost-Afrika (US$2,1 miljard) en in Centraal-Afrika (US$1,7 miljard); maar minder dan in West-Afrika (US$12,7 miljard) en in Zuidelijk Afrika (US$3,4 miljard). De sector van het transport per hoofd in Noord-Afrika was in Noord-Afrika groter dan in Oost-Afrika (US$17,6); maar minder dan in Zuidelijk Afrika (US$121,2), in West-Afrika (US$106,1) en in Centraal-Afrika (US$36,4). De groei van het transport in Noord-Afrika was groter dan in West-Afrika (7,8%), in Zuidelijk Afrika (5,5%), in Oost-Afrika (2,5%) en in Centraal-Afrika (1,3%).

Leiders. De sector van het transport in Noord-Afrika in de jaren 1970 bestond uit: Algerije (23,0%), Egypte (22,3%), Libië (19,2%), Marokko (16,3%), Tunesië (9,7%), en andere (9,6%). Het aandeel van het transport in economie van de leiders: Tunesië (8,0%), Marokko (5,7%), Egypte (5,6%), Algerije (4,5%) en Libië (4,4%). De toegevoegde waarde van het transport per hoofd in Noord-Afrika onder de leiders: Libië ($226,4), Tunesië ($52,9), Algerije ($42,9), Marokko ($28,3) en Egypte ($17,9). De groei van het transport onder de leiders: Egypte (18,5%), Algerije (11,5%), Libië (8,1%), Tunesië (7,6%) en Marokko (6,9%).

de jaren 1980

Het vervoer van Noord-Afrika bedroeg in de jaren 1980 US$9,0 miljard per jaar. Het aandeel in de wereld was 0,77%, en 18,4% in Afrika.

Het aandeel van het transport in de economie van Noord-Afrika was 6,6% in de jaren 1980, en was vergelijkbaar met Zuidoost-Azië (6,6%), Barbados (6,6%), de Bahama's (6,6%).

Het vervoer per hoofd in Noord-Afrika was $71,3 in de jaren 1980s, en was vergelijkbaar met Libanon (US$71,3), Tonga (US$71,8), Kameroen (US$70,5). De sector van het transport per hoofd in Noord-Afrika was in 3,4 keer lager dan het transport per hoofd van de bevolking in de wereld ($242,0), en was 21,0% lager dan het transport per hoofd van de bevolking in Afrika ($242,0).

De groei van het transport in Noord-Afrika bedroeg 4.8% in de jaren 1980, en was vergelijkbaar met Japan (4,7%), Portugal (4,7%), Sri Lanka (4,8%). De groei van het transport in Noord-Afrika (4,8%) was groter dan de groei van het transport in de wereld (3,4%), was groter dan de groei van het transport in Afrika (-0,23%).

Vergelijking met subregio's. De toegevoegde waarde van het transport in Noord-Afrika was groter dan in Zuidelijk Afrika (US$7,4 miljard), in Oost-Afrika (US$3,9 miljard) en in Centraal-Afrika (US$3,4 miljard); maar minder dan in West-Afrika (US$25,3 miljard). De waarde van het transport per hoofd in Noord-Afrika was in Noord-Afrika groter dan in Centraal-Afrika (US$56,4) en in Oost-Afrika (US$23,9); maar minder dan in Zuidelijk Afrika (US$201,2) en in West-Afrika (US$161,7). De groei van het transport in Noord-Afrika was groter dan in Oost-Afrika (3,1%), in Zuidelijk Afrika (2,2%), in Centraal-Afrika (2,1%) en in West-Afrika (-4,0%).

Leiders. De toegevoegde waarde van het transport in Noord-Afrika in de jaren 1980 bestond uit: Algerije (27,9%), Egypte (21,5%), Libië (17,3%), Marokko (16,0%), Soedan (8,6%), en andere (8,6%). Het aandeel van het transport in economie van de leiders: Soedan (9,8%), Egypte (8,9%), Marokko (8,3%), Libië (5,3%) en Algerije (4,9%). De waarde van het transport per hoofd in Noord-Afrika onder de leiders: Libië ($411,2), Algerije ($113,5), Marokko ($64,9), Egypte ($39,7) en Soedan ($35,2). De groei van het transport onder de leiders: Egypte (9,2%), Marokko (4,1%), Algerije (3,4%), Soedan (1,7%) en Libië (0,59%).

de jaren 1990

Het vervoer van Noord-Afrika bedroeg in de jaren 1990 US$16,9 miljard per jaar, en was vergelijkbaar met Oostenrijk (US$16,5 miljard). Het aandeel in de wereld was 0,72%, en 37,8% in Afrika. ·

Het aandeel van het transport in de economie van Noord-Afrika was 8,4% in de jaren 1990, en was vergelijkbaar met Chili (8,4%), Kameroen (8,4%), Melanesië (8,4%).

De waarde van het transport per hoofd in Noord-Afrika was $105,8 in de jaren 1990s, en was vergelijkbaar met Botswana (US$105,1), Noord-Macedonië (US$106,7), El Salvador (US$106,8). De waarde van het transport per hoofd in Noord-Afrika was in 3,9 keer lager dan het transport per hoofd van de bevolking in de wereld ($409,5), en was 67,6% hoger dan het transport per hoofd van de bevolking in Afrika ($409,5).

De groei van het transport in Noord-Afrika bedroeg 3.9% in de jaren 1990, en was vergelijkbaar met Swaziland (3,9%). De groei van het transport in Noord-Afrika (3,9%) was minder dan de groei van het transport in de wereld (4,0%), was groter dan de groei van het transport in Afrika (3,3%).

Vergelijking met subregio's. De waarde van het transport in Noord-Afrika was groter dan in Zuidelijk Afrika (US$12,9 miljard), in West-Afrika (US$6,4 miljard), in Oost-Afrika (US$4,9 miljard) en in Centraal-Afrika (US$3,6 miljard). De waarde van het transport per hoofd in Noord-Afrika was in Noord-Afrika groter dan in Centraal-Afrika (US$43,7), in West-Afrika (US$31,6) en in Oost-Afrika (US$22,9); maar minder dan in Zuidelijk Afrika (US$275,5). De groei van het transport in Noord-Afrika was groter dan in West-Afrika (2,9%) en in Centraal-Afrika (-0,72%); maar minder dan in Zuidelijk Afrika (4,2%) en in Oost-Afrika (4,2%).

Leiders. De sector van het transport in Noord-Afrika in de jaren 1990 bestond uit: Egypte (34,7%), Algerije (15,6%), Marokko (15,4%), Libië (15,1%), Tunesië (10,6%), en andere (8,5%). Het aandeel van het transport in economie van de leiders: Tunesië (10,7%), Egypte (9,9%), Marokko (8,0%), Libië (7,1%) en Algerije (5,7%). Het vervoer per hoofd in Noord-Afrika onder de leiders: Libië ($522,2), Tunesië ($199,9), Marokko ($97,6), Egypte ($94,8) en Algerije ($93,1). De groei van het transport onder de leiders: Tunesië (6,5%), Marokko (6,5%), Egypte (4,4%), Libië (3,1%) en Algerije (1,1%).

de jaren 2000

De toegevoegde waarde van het transport in Noord-Afrika bedroeg in de jaren 2000 US$32,6 miljard per jaar, en was vergelijkbaar met Zwitserland (US$33,0 miljard). Het aandeel in de wereld was 0,81%, en 36,2% in Afrika.

Het aandeel van het transport in de economie van Noord-Afrika was 8,8% in de jaren 2000, en was vergelijkbaar met Albanië (8,8%), Australië (8,8%), Oost-Afrika (8,8%).

De sector van het transport per hoofd in Noord-Afrika was $171,1 in de jaren 2000s, en was vergelijkbaar met Guyana (US$173,5), Tuvalu (US$168,2). De toegevoegde waarde van het transport per hoofd in Noord-Afrika was in 3,6 keer lager dan het transport per hoofd van de bevolking in de wereld ($621,1), en was 72,3% hoger dan het transport per hoofd van de bevolking in Afrika ($621,1).

De groei van het transport in Noord-Afrika bedroeg 7.9% in de jaren 2000, en was vergelijkbaar met Uruguay (7,9%), Zuidoost-Azië (7,9%). De groei van het transport in Noord-Afrika (7,9%) was groter dan de groei van het transport in de wereld (3,9%), was groter dan de groei van het transport in Afrika (7,8%).

Vergelijking met subregio's. De waarde van het transport in Noord-Afrika was groter dan in Zuidelijk Afrika (US$22,1 miljard), in West-Afrika (US$19,3 miljard), in Oost-Afrika (US$9,9 miljard) en in Centraal-Afrika (US$6,1 miljard). De waarde van het transport per hoofd in Noord-Afrika was in Noord-Afrika groter dan in West-Afrika (US$72,9), in Centraal-Afrika (US$55,3) en in Oost-Afrika

(US$34,8); maar minder dan in Zuidelijk Afrika (US$405,7). De groei van het transport in Noord-Afrika was groter dan in Oost-Afrika (7,5%), in Centraal-Afrika (7,0%) en in Zuidelijk Afrika (5,6%); maar minder dan in West-Afrika (8,9%).

Leiders. Het transport van Noord-Afrika in de jaren 2000 bestond uit: Egypte (33,0%), Algerije (24,4%), Marokko (13,9%), Tunesië (11,4%), Soedan (11,1%), en andere (6,2%). Het aandeel van het transport in economie van de leiders: Tunesië (12,6%), Soedan (10,3%), Egypte (10,2%), Algerije (8,3%) en Marokko (8,1%). De sector van het transport per hoofd in Noord-Afrika onder de leiders: Tunesië ($367,9), Algerije ($240,3), Marokko ($149,7), Egypte ($143,3) en Soedan ($95,2). De groei van het transport onder de leiders: Soedan (8,7%), Marokko (8,6%), Egypte (7,8%), Algerije (7,1%) en Tunesië (7,0%).

de jaren 2010

De waarde van het transport in Noord-Afrika bedroeg in de jaren 2010 US$60,3 miljard per jaar, en was vergelijkbaar met Zweden (US$61,6 miljard). Het aandeel in de wereld was 0,95%, en 29,7% in Afrika.

Het aandeel van het transport in de economie van Noord-Afrika was 8,7% in de jaren 2010, en was vergelijkbaar met Centraal-Amerika (8,7%), Madagaskar (8,7%), Egypte (8,8%).

De waarde van het transport per hoofd in Noord-Afrika was $272,4 in de jaren 2010s, en was vergelijkbaar met Bhutan (US$271,6), Guatemala (US$268,0), Vanuatu (US$277,2). Het vervoer per hoofd in Noord-Afrika was in 3,2 keer lager dan het transport per hoofd van de bevolking in de wereld ($864,8), en was 56,8% hoger dan het transport per hoofd van de bevolking in Afrika ($864,8).

De groei van het transport in Noord-Afrika bedroeg 4.2% in de jaren 2010, en was vergelijkbaar met Ecuador (4,2%), Singapore (4,2%). De groei van het transport in Noord-Afrika (4,2%) was groter dan de groei van het transport in de wereld (4,0%), was groter dan de groei van het transport in Afrika (3,8%).

Vergelijking met subregio's. De waarde van het transport in Noord-Afrika was 79,9% groter dan in Zuidelijk Afrika (US$33,5 miljard), 2,5 keer groter dan in Oost-Afrika (US$24,5 miljard) en 4,1 keer groter dan in Centraal-Afrika (US$14,6 miljard); maar 13,8% minder dan in West-Afrika (US$70,0 miljard). De sector van het transport per hoofd in Noord-Afrika was in Noord-Afrika35,4% groter dan in West-Afrika (US$201,2), 2,8 keer groter dan in Centraal-Afrika (US$95,8) en 4,3 keer groter dan in Oost-Afrika (US$63,7); maar 49,2% minder dan in Zuidelijk Afrika (US$536,4). De groei van het transport in Noord-Afrika was groter dan in West-Afrika (2,9%) en in Zuidelijk Afrika (2,1%); maar minder dan in Oost-Afrika (7,6%) en in Centraal-Afrika (5,1%).

Leiders. De waarde van het transport in Noord-Afrika in de jaren 2010 bestond uit: Egypte (38,2%), Algerije (27,9%), Soedan (11,9%), Marokko (10,8%), Tunesië (8,3%), en andere (2,8%). Het aandeel van het transport in economie van de leiders: Tunesië (12,2%), Soedan (10,1%), Algerije (9,5%), Egypte (8,8%) en Marokko (6,9%). De waarde van het transport per hoofd in Noord-Afrika onder de leiders: Tunesië ($448,9), Algerije ($427,5), Egypte ($252,0), Marokko ($190,0) en Soedan ($186,2). De groei van het transport onder de leiders: Algerije (5,8%), Egypte (5,7%), Soedan (3,9%), Tunesië (3,2%) en Marokko (2,6%).

Hoofdstuk VIII. Handel

Groothandel, detailhandel, restaurants en hotels (ISIC G-H)

De handel van Noord-Afrika steeg van US$6,7 miljard per jaar in de jaren 1970 tot US$95,7 miljard per jaar in de jaren 2010, dat wil zeggen met US$89,0 miljard of 14,2 keer. De verandering vond plaats op US$54,3 miljard als gevolg van een 2,3-voudige stijging van de prijzen, en ook op US$26,0 miljard als gevolg van een 2,7-voudige toename van de productiviteit , evenals op US$8,7 miljard als gevolg van de toename van de bevolking. De gemiddelde jaarlijkse groei van de handel is 4,9%. De minimumwaarde van de handel bedroeg US$3,0 miljard in 1970. De maximumwaarde van de handel bedroeg US$105,7 miljard in 2014.

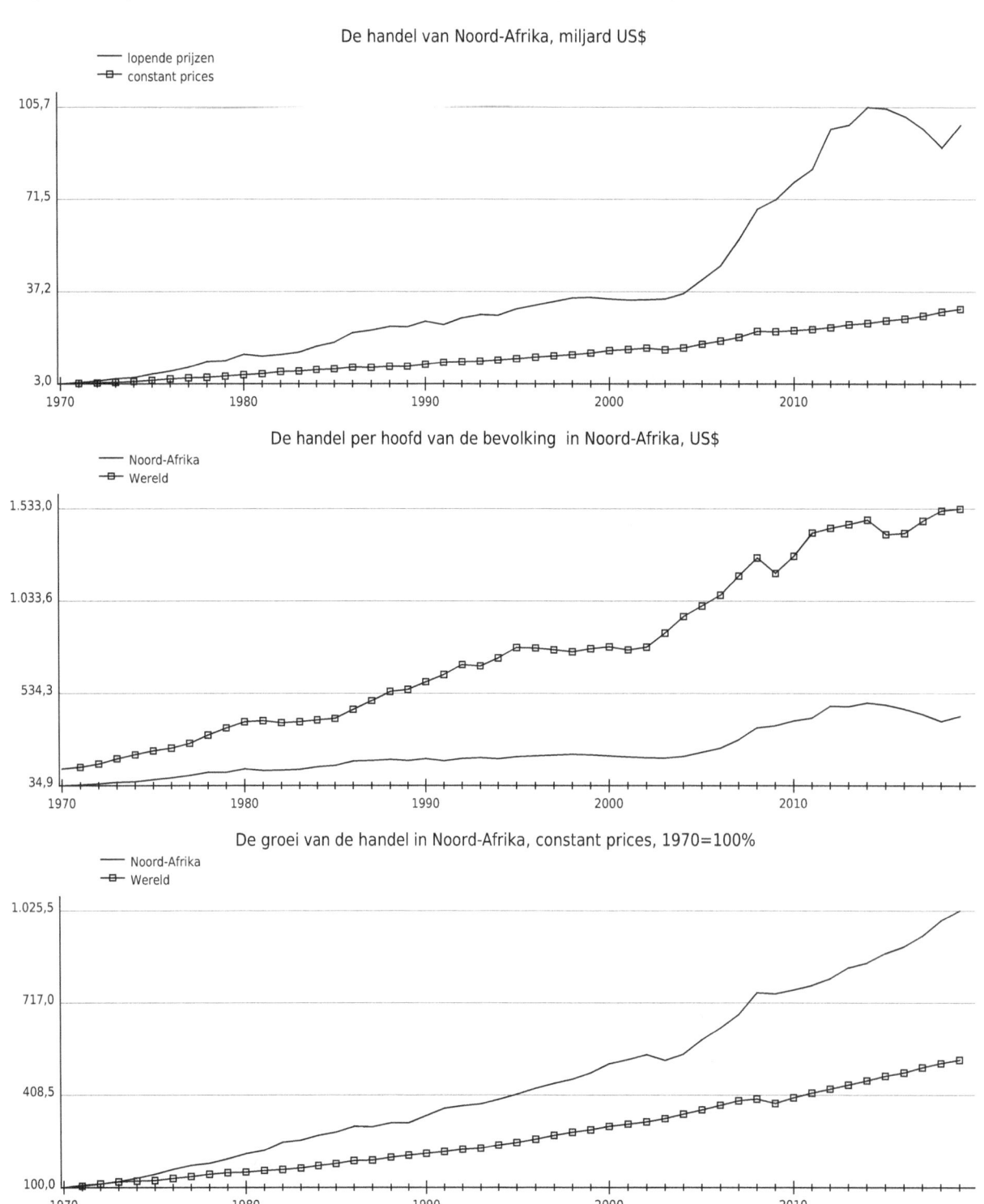

De handel van Noord-Afrika, miljard US$

De handel per hoofd van de bevolking in Noord-Afrika, US$

De groei van de handel in Noord-Afrika, constant prices, 1970=100%

Het aandeel van de handel in de economie van Noord-Afrika, %

de jaren 1970

De handel van Noord-Afrika bedroeg in de jaren 1970 US$6,7 miljard per jaar, en was vergelijkbaar met Turkije (US$6,9 miljard). Het aandeel in de wereld was 0,75%, en 22,2% in Afrika.

Het aandeel van de handel in de economie van Noord-Afrika was 11,9% in de jaren 1970, en was vergelijkbaar met Afrika (11,9%), Bahrein (11,8%), Oceanië (11,8%).

De handel per hoofd in Noord-Afrika was $69,8 in de jaren 1970s, en was vergelijkbaar met Congo-Kinshasa (US$69,7), Senegal (US$69,2), Saint Kitts en Nevis (US$70,8). De sector van de handel per hoofd in Noord-Afrika was in 3,2 keer lager dan de handel per hoofd van de bevolking in de wereld ($221,0), en was 5,4% lager dan de handel per hoofd van de bevolking in Afrika ($221,0).

De groei van de handel in Noord-Afrika bedroeg 7.7% in de jaren 1970, en was vergelijkbaar met Mauritanië (7,7%), Azië (7,7%), Vanuatu (7,7%). De groei van de handel in Noord-Afrika (7,7%) was groter dan de groei van de handel in de wereld (4,5%), was groter dan de groei van de handel in Afrika (4,6%).

Vergelijking met subregio's. De toegevoegde waarde van de handel in Noord-Afrika was groter dan in Zuidelijk Afrika (US$4,6 miljard), in Oost-Afrika (US$4,1 miljard) en in Centraal-Afrika (US$3,3 miljard); maar minder dan in West-Afrika (US$11,6 miljard). De handel per hoofd in Noord-Afrika was in Noord-Afrika groter dan in Oost-Afrika (US$33,7); maar minder dan in Zuidelijk Afrika (US$163,1), in West-Afrika (US$97,4) en in Centraal-Afrika (US$71,7). De groei van de handel in Noord-Afrika was groter dan in West-Afrika (5,4%), in Zuidelijk Afrika (2,8%), in Oost-Afrika (2,3%) en in Centraal-Afrika (1,8%).

Leiders. De toegevoegde waarde van de handel in Noord-Afrika in de jaren 1970 bestond uit: Algerije (28,7%), Egypte (24,8%), Marokko (22,8%), Libië (8,3%), Soedan (8,1%), en andere (7,2%). Het aandeel van de handel in economie van de leiders: Soedan (17,8%), Marokko (17,4%), Egypte (13,7%), Algerije (12,4%) en Libië (4,2%). De waarde van de handel per hoofd in Noord-Afrika onder de leiders: Libië ($216,1), Algerije ($117,5), Marokko ($87,1), Egypte ($43,7) en Soedan ($34,1). De groei van de handel onder de leiders: Egypte (9,4%), Libië (7,8%), Algerije (6,8%), Soedan (6,5%) en Marokko (5,1%).

de jaren 1980

De sector van de handel in Noord-Afrika bedroeg in de jaren 1980 US$18,5 miljard per jaar. Het aandeel in de wereld was 0,87%, en 28,0% in Afrika.

Het aandeel van de handel in de economie van Noord-Afrika was 13,5% in de jaren 1980, en was vergelijkbaar met Frankrijk (13,6%), Nieuw-Zeeland (13,4%), Noorwegen (13,4%).

De sector van de handel per hoofd in Noord-Afrika was $146,4 in de jaren 1980s, en was vergelijkbaar met Nicaragua (US$147,3), Kameroen (US$144,8), Fiji (US$148,9). De waarde van de handel per hoofd in Noord-Afrika was in 3,0 keer lager dan de handel per hoofd van de bevolking in de wereld ($437,7), en was 20,2% hoger dan de handel per hoofd van de bevolking in Afrika ($437,7).

De groei van de handel in Noord-Afrika bedroeg 4.9% in de jaren 1980, en was vergelijkbaar met Frans-Polynesië (4,9%), Zuid-Azië (4,9%), Nieuw-Caledonië (4,9%). De groei van de handel in Noord-Afrika (4,9%) was groter dan de groei van de handel in de wereld (3,3%), was groter dan de groei van de handel in Afrika (2,7%).

Vergelijking met subregio's. De sector van de handel in Noord-Afrika was groter dan in Zuidelijk Afrika (US$10,2 miljard), in

Oost-Afrika (US$8,2 miljard) en in Centraal-Afrika (US$5,4 miljard); maar minder dan in West-Afrika (US$23,7 miljard). De waarde van de handel per hoofd in Noord-Afrika was in Noord-Afrika groter dan in Centraal-Afrika (US$90,2) en in Oost-Afrika (US$50,4); maar minder dan in Zuidelijk Afrika (US$277,1) en in West-Afrika (US$151,9). De groei van de handel in Noord-Afrika was groter dan in Zuidelijk Afrika (3,2%), in Centraal-Afrika (2,8%), in Oost-Afrika (2,8%) en in West-Afrika (0,47%).

Leiders. De toegevoegde waarde van de handel in Noord-Afrika in de jaren 1980 bestond uit: Algerije (38,7%), Egypte (23,1%), Marokko (13,9%), Libië (9,2%), Soedan (9,0%), en andere (6,1%). Het aandeel van de handel in economie van de leiders: Soedan (21,0%), Egypte (19,5%), Marokko (14,8%), Algerije (13,9%) en Libië (5,8%). De sector van de handel per hoofd in Noord-Afrika onder de leiders: Libië ($449,8), Algerije ($323,0), Marokko ($115,3), Egypte ($87,4) en Soedan ($75,2). De groei van de handel onder de leiders: Egypte (8,1%), Marokko (4,1%), Algerije (3,3%), Soedan (2,3%) en Libië (-0,50%).

de jaren 1990

De handel van Noord-Afrika bedroeg in de jaren 1990 US$30,2 miljard per jaar, en was vergelijkbaar met België (US$30,4 miljard). Het aandeel in de wereld was 0,74%, en 35,5% in Afrika.

Het aandeel van de handel in de economie van Noord-Afrika was 15,0% in de jaren 1990, en was vergelijkbaar met Saint Vincent en de Grenadines (15,0%), de Wereld (15,0%), Algerije (14,8%).

De toegevoegde waarde van de handel per hoofd in Noord-Afrika was $189,4 in de jaren 1990s, en was vergelijkbaar met Kazachstan (US$187,5), Samoa (US$187,1), Indonesië (US$192,5). De toegevoegde waarde van de handel per hoofd in Noord-Afrika was in 3,8 keer lager dan de handel per hoofd van de bevolking in de wereld ($721,8), en was 57,3% hoger dan de handel per hoofd van de bevolking in Afrika ($721,8).

De groei van de handel in Noord-Afrika bedroeg 4.3% in de jaren 1990, en was vergelijkbaar met de Verenigde Staten (4,3%), Fiji (4,3%), Noorwegen (4,3%). De groei van de handel in Noord-Afrika (4,3%) was groter dan de groei van de handel in de wereld (3,5%), was groter dan de groei van de handel in Afrika (2,8%).

Vergelijking met subregio's. De sector van de handel in Noord-Afrika was groter dan in Zuidelijk Afrika (US$19,6 miljard), in West-Afrika (US$18,5 miljard), in Oost-Afrika (US$10,8 miljard) en in Centraal-Afrika (US$6,0 miljard). De handel per hoofd in Noord-Afrika was in Noord-Afrika groter dan in West-Afrika (US$91,1), in Centraal-Afrika (US$73,5) en in Oost-Afrika (US$50,0); maar minder dan in Zuidelijk Afrika (US$420,4). De groei van de handel in Noord-Afrika was groter dan in Oost-Afrika (3,9%), in West-Afrika (2,5%), in Zuidelijk Afrika (2,1%) en in Centraal-Afrika (-1,3%).

Leiders. De waarde van de handel in Noord-Afrika in de jaren 1990 bestond uit: Egypte (37,2%), Algerije (22,8%), Marokko (14,9%), Libië (9,1%), Tunesië (8,2%), en andere (7,9%). Het aandeel van de handel in economie van de leiders: Egypte (19,0%), Algerije (14,8%), Tunesië (14,7%), Marokko (13,8%) en Libië (7,6%). De waarde van de handel per hoofd in Noord-Afrika onder de leiders: Libië ($562,0), Tunesië ($274,8), Algerije ($242,8), Egypte ($182,0) en Marokko ($168,4). De groei van de handel onder de leiders: Tunesië (5,4%), Egypte (5,1%), Marokko (2,6%), Libië (1,6%) en Algerije (1,4%).

de jaren 2000

De waarde van de handel in Noord-Afrika bedroeg in de jaren 2000 US$45,8 miljard per jaar, en was vergelijkbaar met Oostenrijk (US$46,6 miljard). Het aandeel in de wereld was 0,71%, en 30,8% in Afrika.

Het aandeel van de handel in de economie van Noord-Afrika was 12,4% in de jaren 2000, en was vergelijkbaar met Ierland (12,4%), Roemenië (12,3%), Hongarije (12,3%).

De toegevoegde waarde van de handel per hoofd in Noord-Afrika was $240,7 in de jaren 2000s, en was vergelijkbaar met de Filipijnen (US$240,2), Marokko (US$242,0), Jordanië (US$244,9). De toegevoegde waarde van de handel per hoofd in Noord-Afrika was in 4,1 keer lager dan de handel per hoofd van de bevolking in de wereld ($990,3), en was 46,8% hoger dan de handel per hoofd van de bevolking in Afrika ($990,3).

De groei van de handel in Noord-Afrika bedroeg 4.5% in de jaren 2000, en was vergelijkbaar met Azië (4,5%), Saint Vincent en de Grenadines (4,5%). De groei van de handel in Noord-Afrika (4,5%) was groter dan de groei van de handel in de wereld (2,7%), was minder dan de groei van de handel in Afrika (5,9%).

Vergelijking met subregio's. De toegevoegde waarde van de handel in Noord-Afrika was groter dan in West-Afrika (US$42,6 miljard), in Zuidelijk Afrika (US$30,3 miljard), in Oost-Afrika (US$17,0 miljard) en in Centraal-Afrika (US$13,0 miljard). De handel per hoofd in

Noord-Afrika was in Noord-Afrika groter dan in West-Afrika (US$160,4), in Centraal-Afrika (US$116,9) en in Oost-Afrika (US$59,5); maar minder dan in Zuidelijk Afrika (US$557,8). De groei van de handel in Noord-Afrika was groter dan in Zuidelijk Afrika (4,0%); maar minder dan in West-Afrika (8,0%), in Centraal-Afrika (7,8%) en in Oost-Afrika (5,6%).

Leiders. De waarde van de handel in Noord-Afrika in de jaren 2000 bestond uit: Egypte (35,3%), Algerije (23,3%), Marokko (16,0%), Soedan (11,5%), Tunesië (9,4%), en andere (4,6%). Het aandeel van de handel in economie van de leiders: Egypte (15,3%), Soedan (15,0%), Tunesië (14,6%), Marokko (13,0%) en Algerije (11,2%). De handel per hoofd in Noord-Afrika onder de leiders: Tunesië ($425,0), Algerije ($322,9), Marokko ($242,0), Egypte ($215,7) en Soedan ($138,3). De groei van de handel onder de leiders: Algerije (7,8%), Tunesië (4,3%), Soedan (4,0%), Marokko (3,9%) en Egypte (3,3%).

de jaren 2010

De waarde van de handel in Noord-Afrika bedroeg in de jaren 2010 US$95,7 miljard per jaar. Het aandeel in de wereld was 0,91%, en 28,1% in Afrika.

Het aandeel van de handel in de economie van Noord-Afrika was 13,8% in de jaren 2010, en was vergelijkbaar met Lesotho (13,9%), Grenada (13,8%), Namibië (13,8%).

De sector van de handel per hoofd in Noord-Afrika was $432,5 in de jaren 2010s, en was vergelijkbaar met Egypte (US$443,2). De handel per hoofd in Noord-Afrika was in 3,3 keer lager dan de handel per hoofd van de bevolking in de wereld ($1.436,8), en was 48,3% hoger dan de handel per hoofd van de bevolking in Afrika ($1.436,8).

De groei van de handel in Noord-Afrika bedroeg 3.2% in de jaren 2010. De groei van de handel in Noord-Afrika (3,2%) was minder dan de groei van de handel in de wereld (3,3%), was minder dan de groei van de handel in Afrika (3,4%).

Vergelijking met subregio's. De sector van de handel in Noord-Afrika was 79,4% groter dan in Zuidelijk Afrika (US$53,4 miljard), 2,2 keer groter dan in Oost-Afrika (US$44,0 miljard) en 2,5 keer groter dan in Centraal-Afrika (US$38,4 miljard); maar 12,4% minder dan in West-Afrika (US$109,3 miljard). De toegevoegde waarde van de handel per hoofd in Noord-Afrika was in Noord-Afrika37,6% groter dan in West-Afrika (US$314,3), 71,7% groter dan in Centraal-Afrika (US$251,9) en 3,8 keer groter dan in Oost-Afrika (US$114,5); maar 49,3% minder dan in Zuidelijk Afrika (US$853,8). De groei van de handel in Noord-Afrika was groter dan in West-Afrika (3,1%), in Centraal-Afrika (2,9%) en in Zuidelijk Afrika (2,3%); maar minder dan in Oost-Afrika (6,7%).

Leiders. De sector van de handel in Noord-Afrika in de jaren 2010 bestond uit: Egypte (42,3%), Algerije (24,7%), Soedan (13,0%), Marokko (11,7%), Tunesië (6,1%), en andere (2,1%). Het aandeel van de handel in economie van de leiders: Soedan (17,5%), Egypte (15,4%), Tunesië (14,3%), Algerije (13,3%) en Marokko (11,8%). De toegevoegde waarde van de handel per hoofd in Noord-Afrika onder de leiders: Algerije ($600,5), Tunesië ($524,1), Egypte ($443,2), Marokko ($326,1) en Soedan ($322,5). De groei van de handel onder de leiders: Algerije (5,4%), Egypte (3,8%), Marokko (3,6%), Soedan (2,7%) en Tunesië (1,4%).

Hoofdstuk IX. Diensten

(ISIC J-P)

De sector van de diensten in Noord-Afrika steeg van US$14,4 miljard per jaar in de jaren 1970 tot US$191,4 miljard per jaar in de jaren 2010, dat wil zeggen met US$177,0 miljard of 13,3 keer. De verandering vond plaats op US$98,7 miljard als gevolg van een 2,1-voudige stijging van de prijzen, en ook op US$59,7 miljard als gevolg van een 2,8-voudige toename van de productiviteit , evenals op US$18,6 miljard als gevolg van de toename van de bevolking. De gemiddelde jaarlijkse groei van de diensten is 5,0%. De minimumwaarde van de diensten bedroeg US$6,3 miljard in 1970. De maximumwaarde van de diensten bedroeg US$212,5 miljard in 2014.

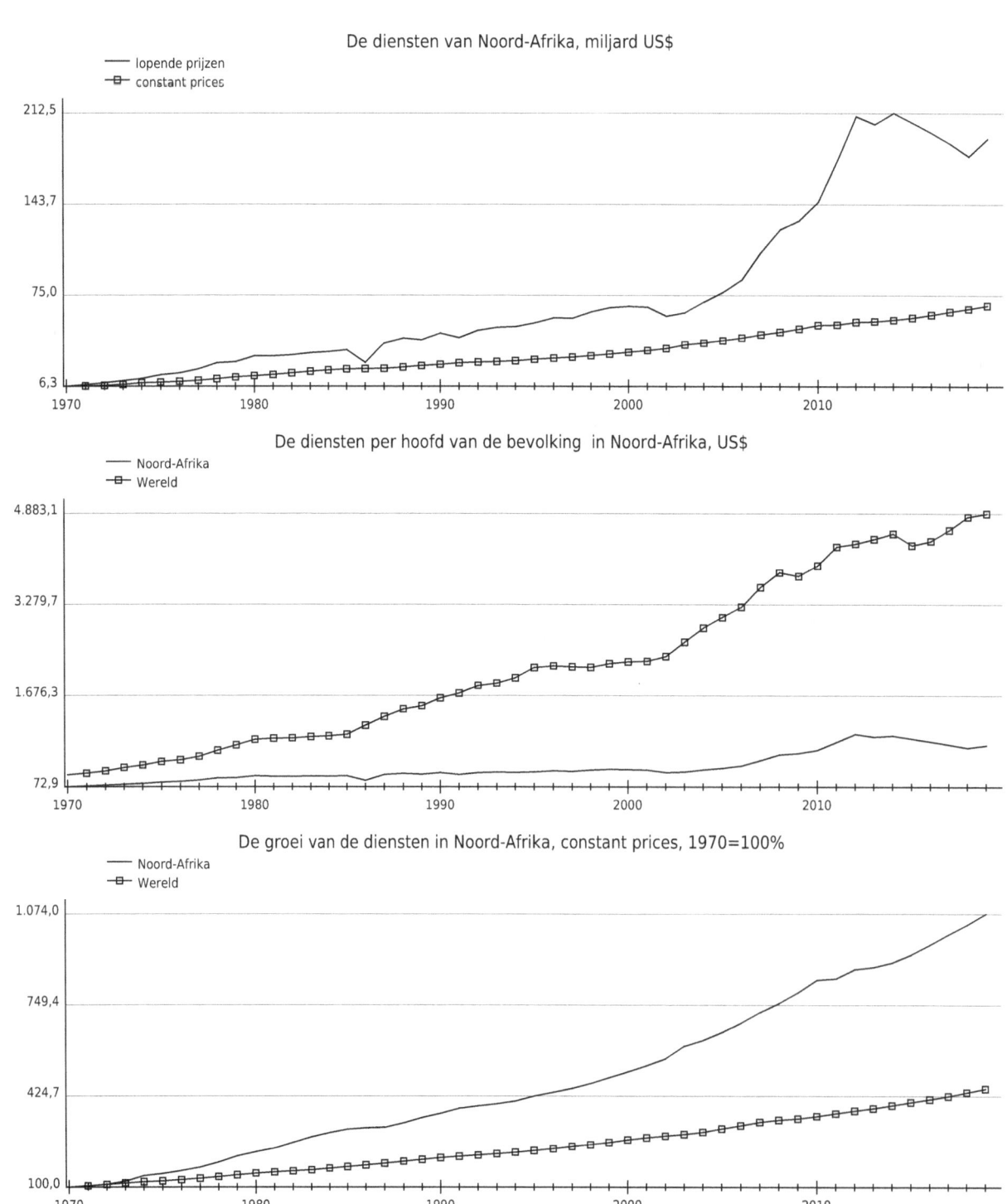

De diensten van Noord-Afrika, miljard US$

De diensten per hoofd van de bevolking in Noord-Afrika, US$

De groei van de diensten in Noord-Afrika, constant prices, 1970=100%

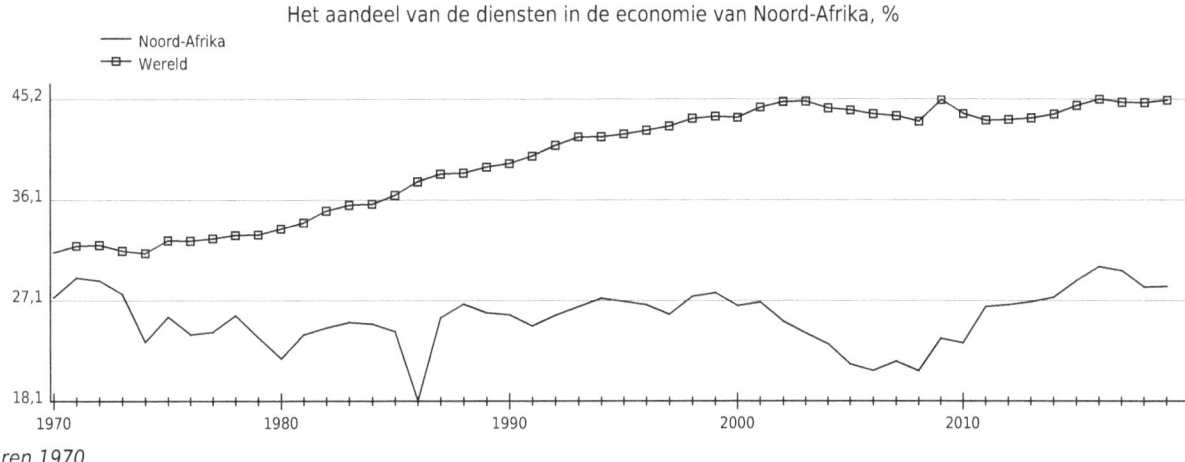

Het aandeel van de diensten in de economie van Noord-Afrika, %

de jaren 1970

De toegevoegde waarde van de diensten in Noord-Afrika bedroeg in de jaren 1970 US$14,4 miljard per jaar, en was vergelijkbaar met Denemarken (US$14,5 miljard). Het aandeel in de wereld was 0,70%, en 22,5% in Afrika.

Het aandeel van de diensten in de economie van Noord-Afrika was 25,3% in de jaren 1970, en was vergelijkbaar met Bhutan (25,3%), Madagaskar (25,3%), Malta (25,3%).

De waarde van de diensten per hoofd in Noord-Afrika was $149,1 in de jaren 1970s, en was vergelijkbaar met de Dominicaanse Republiek (US$149,4), Samoa (US$149,8). De sector van de diensten per hoofd in Noord-Afrika was in 3,4 keer lager dan de diensten per hoofd van de bevolking in de wereld ($506,9), en was 4,4% lager dan de diensten per hoofd van de bevolking in Afrika ($506,9).

De groei van de diensten in Noord-Afrika bedroeg 8.6% in de jaren 1970. De groei van de diensten in Noord-Afrika (8,6%) was groter dan de groei van de diensten in de wereld (4,1%), was groter dan de groei van de diensten in Afrika (5,5%).

Vergelijking met subregio's. De waarde van de diensten in Noord-Afrika was groter dan in Zuidelijk Afrika (US$9,9 miljard), in Oost-Afrika (US$7,7 miljard) en in Centraal-Afrika (US$5,6 miljard); maar minder dan in West-Afrika (US$26,4 miljard). De toegevoegde waarde van de diensten per hoofd in Noord-Afrika was in Noord-Afrika groter dan in Centraal-Afrika (US$122,2) en in Oost-Afrika (US$63,9); maar minder dan in Zuidelijk Afrika (US$352,6) en in West-Afrika (US$221,4). De groei van de diensten in Noord-Afrika was groter dan in Oost-Afrika (5,1%), in Zuidelijk Afrika (3,8%) en in Centraal-Afrika (1,2%); maar minder dan in West-Afrika (9,3%).

Leiders. De diensten van Noord-Afrika in de jaren 1970 bestonden uit: Algerije (29,1%), Egypte (22,5%), Libië (19,6%), Marokko (15,0%), Tunesië (9,4%), en andere (4,3%). Het aandeel van de diensten in economie van de leiders: Tunesië (36,5%), Algerije (26,9%), Egypte (26,7%), Marokko (24,4%) en Libië (20,9%). De sector van de diensten per hoofd in Noord-Afrika onder de leiders: Libië ($1.082,4), Algerije ($254,8), Tunesië ($241,9), Marokko ($122,0) en Egypte ($84,9). De groei van de diensten onder de leiders: Egypte (9,8%), Libië (9,5%), Algerije (9,1%), Marokko (7,1%) en Tunesië (4,5%).

de jaren 1980

De diensten van Noord-Afrika bedroegen in de jaren 1980 US$33,2 miljard per jaar, en waren vergelijkbaar met Iran (US$34,1 miljard). Het aandeel in de wereld was 0,62%, en 26,0% in Afrika.

Het aandeel van de diensten in de economie van Noord-Afrika was 24,3% in de jaren 1980, en was vergelijkbaar met Togo (24,3%), India (24,3%), Tonga (24,3%).

De waarde van de diensten per hoofd in Noord-Afrika was $263,4 in de jaren 1980s, en was vergelijkbaar met Peru (US$262,7), de Comoren (US$261,2), Mauritanië (US$268,6). De sector van de diensten per hoofd in Noord-Afrika was in 4,2 keer lager dan de diensten per hoofd van de bevolking in de wereld ($1.115,5), en was 11,7% hoger dan de diensten per hoofd van de bevolking in Afrika ($1.115,5).

De groei van de diensten in Noord-Afrika bedroeg 5.2% in de jaren 1980, en was vergelijkbaar met Zimbabwe (5,1%). De groei van de diensten in Noord-Afrika (5,2%) was groter dan de groei van de diensten in de wereld (3,3%), was groter dan de groei van de diensten in Afrika (3,9%).

Vergelijking met subregio's. De toegevoegde waarde van de diensten in Noord-Afrika was groter dan in Zuidelijk Afrika (US$23,9 miljard), in Oost-Afrika (US$15,0 miljard) en in Centraal-Afrika (US$9,3 miljard); maar minder dan in West-Afrika (US$46,2 miljard). De waarde van de diensten per hoofd in Noord-Afrika was in Noord-Afrika groter dan in Centraal-Afrika (US$154,8) en in Oost-Afrika (US$92,5); maar minder dan in Zuidelijk Afrika (US$651,1) en in West-Afrika (US$295,8). De groei van de diensten in Noord-Afrika was groter dan in West-Afrika (3,7%), in Oost-Afrika (3,6%), in Zuidelijk Afrika (3,4%) en in Centraal-Afrika (1,9%).

Leiders. De diensten van Noord-Afrika in de jaren 1980 bestonden uit: Algerije (33,8%), Libië (25,2%), Marokko (14,2%), Egypte (13,8%), Tunesië (8,7%), en andere (4,4%). Het aandeel van de diensten in economie van de leiders: Tunesië (33,0%), Libië (28,2%), Marokko (27,1%), Algerije (21,9%) en Egypte (21,0%). De sector van de diensten per hoofd in Noord-Afrika onder de leiders: Libië ($2.203,7), Algerije ($507,5), Tunesië ($401,0), Marokko ($211,8) en Egypte ($94,0). De groei van de diensten onder de leiders: Egypte (8,7%), Marokko (5,9%), Tunesië (3,5%), Algerije (3,3%) en Libië (1,6%).

de jaren 1990

De toegevoegde waarde van de diensten in Noord-Afrika bedroeg in de jaren 1990 US$53,8 miljard per jaar. Het aandeel in de wereld was 0,47%, en 34,9% in Afrika.

Het aandeel van de diensten in de economie van Noord-Afrika was 26,6% in de jaren 1990, en was vergelijkbaar met Bangladesh (26,4%).

De waarde van de diensten per hoofd in Noord-Afrika was $337,0 in de jaren 1990s, en was vergelijkbaar met Congo (US$337,2), Algerije (US$331,1). De waarde van de diensten per hoofd in Noord-Afrika was in 6,0 keer lager dan de diensten per hoofd van de bevolking in de wereld ($2.014,6), en was 54,7% hoger dan de diensten per hoofd van de bevolking in Afrika ($2.014,6).

De groei van de diensten in Noord-Afrika bedroeg 3.5% in de jaren 1990, en was vergelijkbaar met de Filipijnen (3,5%), Guinee (3,5%), Portugal (3,5%). De groei van de diensten in Noord-Afrika (3,5%) was groter dan de groei van de diensten in de wereld (2,7%), was groter dan de groei van de diensten in Afrika (2,6%).

Vergelijking met subregio's. De toegevoegde waarde van de diensten in Noord-Afrika was groter dan in Zuidelijk Afrika (US$51,9 miljard), in West-Afrika (US$22,2 miljard), in Oost-Afrika (US$17,0 miljard) en in Centraal-Afrika (US$9,3 miljard). De diensten per hoofd in Noord-Afrika waren in Noord-Afrika groter dan in Centraal-Afrika (US$112,9), in West-Afrika (US$109,2) en in Oost-Afrika (US$78,7); maar minder dan in Zuidelijk Afrika (US$1.113,5). De groei van de diensten in Noord-Afrika was groter dan in Oost-Afrika (2,5%), in Zuidelijk Afrika (2,1%) en in Centraal-Afrika (-1,2%); maar minder dan in West-Afrika (3,9%).

Leiders. De waarde van de diensten in Noord-Afrika in de jaren 1990 bestond uit: Libië (25,9%), Egypte (24,8%), Marokko (19,1%), Algerije (17,5%), Tunesië (10,2%), en andere (2,7%). Het aandeel van de diensten in economie van de leiders: Libië (38,8%), Tunesië (32,6%), Marokko (31,4%), Egypte (22,5%) en Algerije (20,2%). De sector van de diensten per hoofd in Noord-Afrika onder de leiders: Libië ($2.850,0), Tunesië ($609,3), Marokko ($384,1), Algerije ($331,1) en Egypte ($215,7). De groei van de diensten onder de leiders: Tunesië (6,5%), Egypte (4,7%), Marokko (3,6%), Libië (1,8%) en Algerije (1,6%).

de jaren 2000

De waarde van de diensten in Noord-Afrika bedroeg in de jaren 2000 US$85,2 miljard per jaar. Het aandeel in de wereld was 0,44%, en 29,9% in Afrika.

Het aandeel van de diensten in de economie van Noord-Afrika was 23,0% in de jaren 2000, en was vergelijkbaar met Vietnam (23,0%), Brunei (23,0%), Laos (23,0%).

De toegevoegde waarde van de diensten per hoofd in Noord-Afrika was $447,6 in de jaren 2000s, en was vergelijkbaar met Irak (US$441,2), Algerije (US$456,5). De waarde van de diensten per hoofd in Noord-Afrika was in 6,7 keer lager dan de diensten per hoofd van de bevolking in de wereld ($3.011,2), en was 42,4% hoger dan de diensten per hoofd van de bevolking in Afrika ($3.011,2).

De groei van de diensten in Noord-Afrika bedroeg 4.9% in de jaren 2000, en was vergelijkbaar met Libië (4,9%). De groei van de diensten in Noord-Afrika (4,9%) was groter dan de groei van de diensten in de wereld (2,9%), was minder dan de groei van de diensten in Afrika (5,1%).

Vergelijking met subregio's. De diensten van Noord-Afrika waren groter dan in West-Afrika (US$60,5 miljard), in Oost-Afrika (US$31,1 miljard) en in Centraal-Afrika (US$19,5 miljard); maar minder dan in Zuidelijk Afrika (US$88,7 miljard). De sector van de diensten per hoofd in Noord-Afrika was in Noord-Afrika groter dan in West-Afrika (US$228,0), in Centraal-Afrika (US$176,0) en in Oost-Afrika

(US$108,9); maar minder dan in Zuidelijk Afrika (US$1.629,5). De groei van de diensten in Noord-Afrika was groter dan in Centraal-Afrika (4,9%) en in Zuidelijk Afrika (4,2%); maar minder dan in West-Afrika (6,3%) en in Oost-Afrika (5,7%).

Leiders. De waarde van de diensten in Noord-Afrika in de jaren 2000 bestond uit: Egypte (30,4%), Marokko (24,0%), Algerije (17,7%), Tunesië (11,4%), Libië (11,0%), en andere (5,6%). Het aandeel van de diensten in economie van de leiders: Marokko (36,3%), Tunesië (33,1%), Egypte (24,5%), Libië (18,1%) en Algerije (15,8%). De diensten per hoofd in Noord-Afrika onder de leiders: Libië ($1.627,3), Tunesië ($966,0), Marokko ($673,3), Algerije ($456,5) en Egypte ($345,4). De groei van de diensten onder de leiders: Tunesië (5,6%), Marokko (5,1%), Egypte (5,0%), Libië (4,9%) en Algerije (4,4%).

de jaren 2010

De toegevoegde waarde van de diensten in Noord-Afrika bedroeg in de jaren 2010 US$191,4 miljard per jaar, en was vergelijkbaar met Argentinië (US$187,4 miljard). Het aandeel in de wereld was 0,58%, en 31,0% in Afrika.

Het aandeel van de diensten in de economie van Noord-Afrika was 27,7% in de jaren 2010, en was vergelijkbaar met Eritrea (27,7%), Madagaskar (27,9%), de Verenigde Arabische Emiraten (27,5%).

De diensten per hoofd in Noord-Afrika waren $864,5 in de jaren 2010s, en waren vergelijkbaar met Oekraïne (US$859,0). De toegevoegde waarde van de diensten per hoofd in Noord-Afrika was in 5,2 keer lager dan de diensten per hoofd van de bevolking in de wereld ($4.467,8), en was 63,7% hoger dan de diensten per hoofd van de bevolking in Afrika ($4.467,8).

De groei van de diensten in Noord-Afrika bedroeg 3.1% in de jaren 2010, en was vergelijkbaar met Nieuw-Caledonië (3,1%). De groei van de diensten in Noord-Afrika (3,1%) was groter dan de groei van de diensten in de wereld (2,7%), was minder dan de groei van de diensten in Afrika (3,4%).

Vergelijking met subregio's. De waarde van de diensten in Noord-Afrika was 25,9% groter dan in Zuidelijk Afrika (US$152,0 miljard), 28,5% groter dan in West-Afrika (US$148,9 miljard), 2,5 keer groter dan in Oost-Afrika (US$76,6 miljard) en 4,0 keer groter dan in Centraal-Afrika (US$48,2 miljard). De sector van de diensten per hoofd in Noord-Afrika was in Noord-Afrika2,0 keer groter dan in West-Afrika (US$428,1), 2,7 keer groter dan in Centraal-Afrika (US$316,7) en 4,3 keer groter dan in Oost-Afrika (US$199,3); maar 2,8 keer minder dan in Zuidelijk Afrika (US$2,4 duizend). De groei van de diensten in Noord-Afrika was groter dan in Centraal-Afrika (2,7%) en in Zuidelijk Afrika (2,4%); maar minder dan in Oost-Afrika (6,0%) en in West-Afrika (3,9%).

Leiders. De toegevoegde waarde van de diensten in Noord-Afrika in de jaren 2010 bestond uit: Egypte (37,6%), Algerije (21,2%), Marokko (19,1%), Soedan (9,2%), Tunesië (7,7%), en andere (5,3%). Het aandeel van de diensten in economie van de leiders: Marokko (38,3%), Tunesië (35,8%), Egypte (27,4%), Soedan (24,8%) en Algerije (22,8%). De toegevoegde waarde van de diensten per hoofd in Noord-Afrika onder de leiders: Tunesië ($1.316,2), Marokko ($1.060,3), Algerije ($1.029,1), Egypte ($787,3) en Soedan ($455,7). De groei van de diensten onder de leiders: Soedan (5,5%), Marokko (4,8%), Algerije (4,1%), Egypte (4,0%) en Tunesië (3,3%).

Part III. Externe betrekkingen

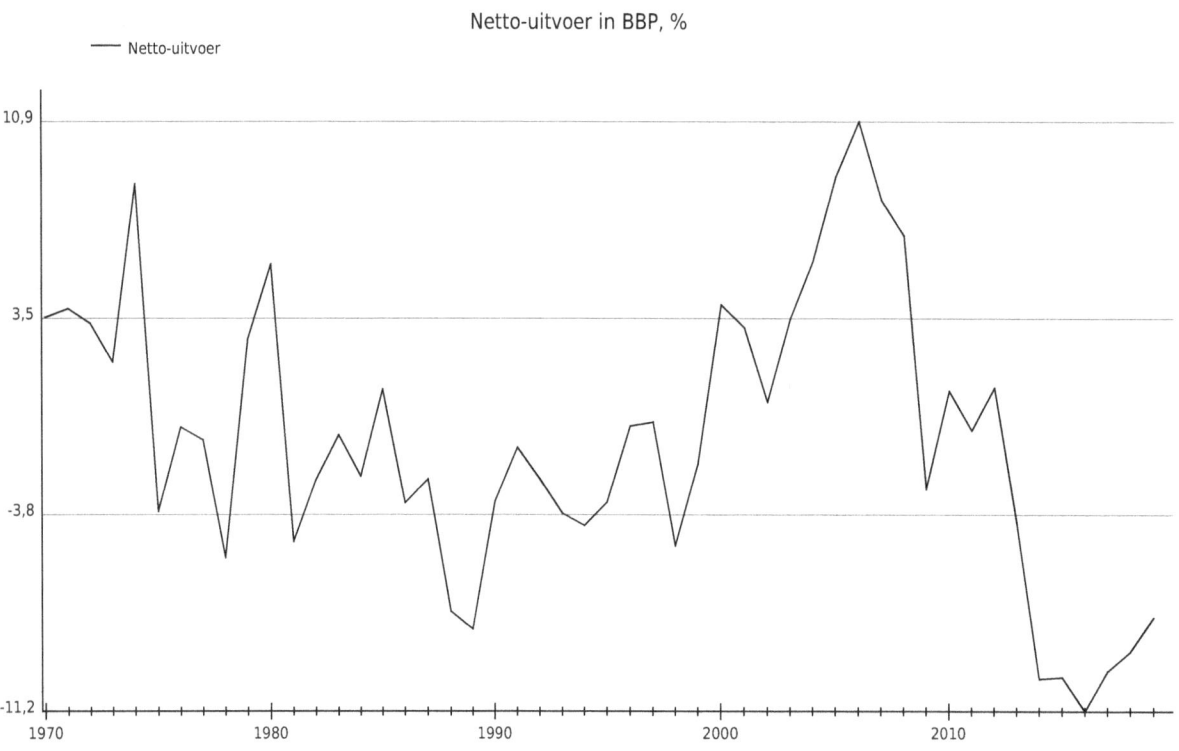

Netto-uitvoer in BBP, %

Hoofdstuk X. Uitvoer

Uitvoer van goederen en diensten

De uitvoer van Noord-Afrika steeg van US$20,0 miljard per jaar in de jaren 1970 tot US$191,0 miljard per jaar in de jaren 2010, dat wil zeggen met US$171,0 miljard of 9,5 keer. De verandering vond plaats op US$166,9 miljard als gevolg van een 7,9-voudige stijging van de prijzen, en ook op -US$21,9 miljard als gevolg van een 1,9-voudige afname van het tarief per hoofd , evenals op US$25,9 miljard als gevolg van de toename van de bevolking. De gemiddelde jaarlijkse groei van de export is 0,75%. De minimumwaarde van de export bedroeg US$6,8 miljard in 1970. De maximumwaarde van de export bedroeg US$265,0 miljard in 2008.

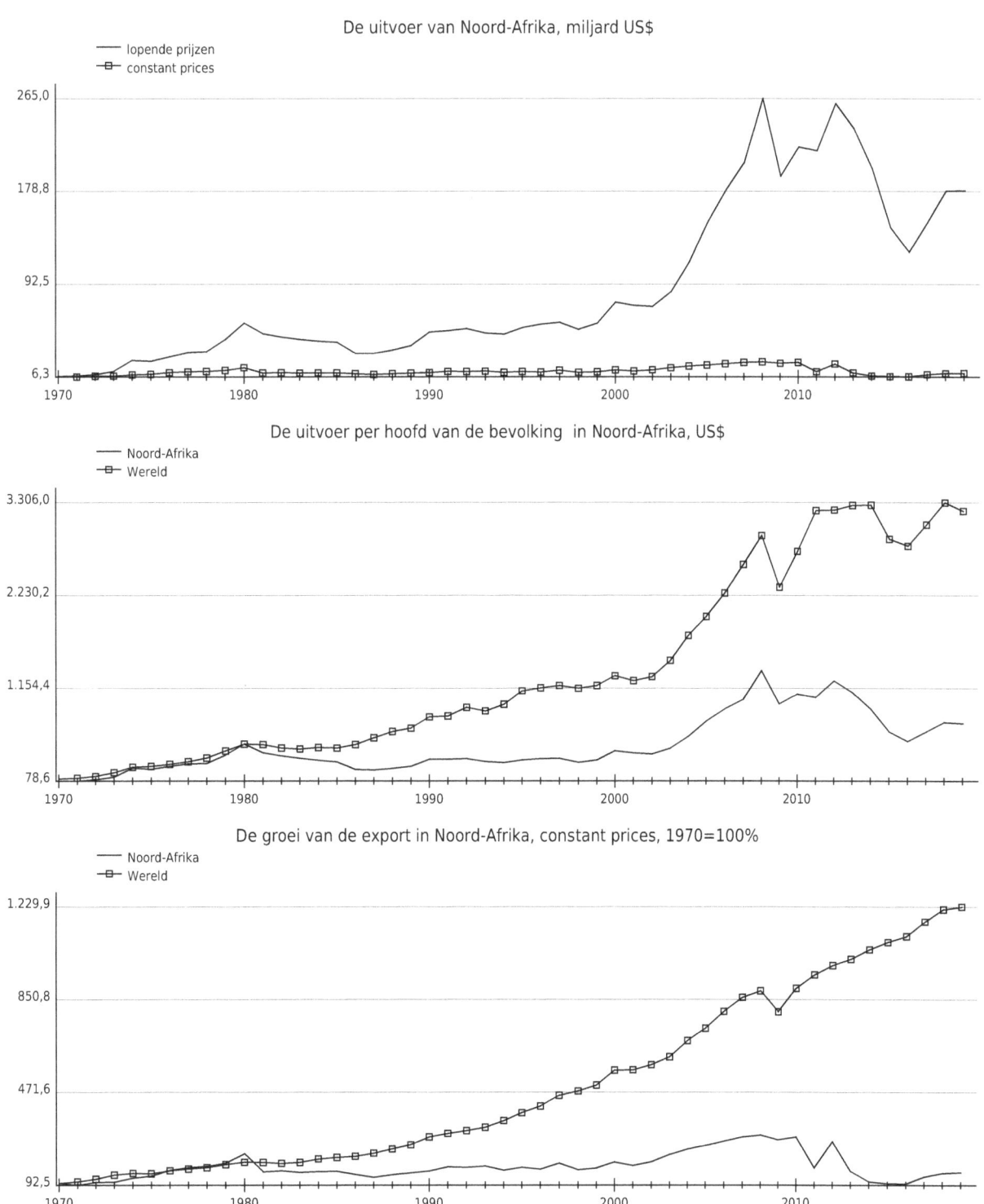

De uitvoer van Noord-Afrika, miljard US$

De uitvoer per hoofd van de bevolking in Noord-Afrika, US$

De groei van de export in Noord-Afrika, constant prices, 1970=100%

de jaren 1970

De waarde van de export in Noord-Afrika bedroeg in de jaren 1970 US$20,0 miljard per jaar. Het aandeel in de wereld was 2,0%, en 35,7% in Afrika.

Het aandeel van de export in het BBP van Noord-Afrika was 33,4% in de jaren 1970.

De waarde van de export per hoofd in Noord-Afrika was $207,6 in de jaren 1970s, en was vergelijkbaar met Honduras (US$208,1), Uruguay (US$204,6), Tunesië (US$211,1). De waarde van de export per hoofd in Noord-Afrika was 14,2% lager dan de export per hoofd van de bevolking in de wereld ($242,1), en was 51,6% hoger dan de export per hoofd van de bevolking in Afrika ($242,1).

De groei van de export in Noord-Afrika bedroeg 6.9% in de jaren 1970, en was vergelijkbaar met de Verenigde Staten (6,8%), Nigeria (6,9%), Monaco (6,9%). De groei van de export in Noord-Afrika (6,9%) was groter dan de groei van de export in de wereld (6,5%), was groter dan de groei van de export in Afrika (5,7%).

Vergelijking met subregio's. De uitvoer van Noord-Afrika was groter dan in West-Afrika (US$12,1 miljard), in Zuidelijk Afrika (US$10,8 miljard), in Centraal-Afrika (US$7,2 miljard) en in Oost-Afrika (US$6,1 miljard). De uitvoer per hoofd in Noord-Afrika was in Noord-Afrika groter dan in Centraal-Afrika (US$158,0), in West-Afrika (US$101,6) en in Oost-Afrika (US$50,2); maar minder dan in Zuidelijk Afrika (US$382,8). De groei van de export in Noord-Afrika was groter dan in Centraal-Afrika (5,0%), in West-Afrika (4,0%), in Oost-Afrika (1,8%) en in Zuidelijk Afrika (1,3%).

Leiders. De waarde van de export in Noord-Afrika in de jaren 1970 bestond uit: Libië (48,0%), Algerije (22,7%), Egypte (11,5%), Marokko (10,2%), Tunesië (5,9%), en andere (1,6%). Het aandeel van de export in BBP van de leiders: Libië (69,8%), Algerije (29,6%), Tunesië (27,8%), Marokko (20,3%) en Egypte (17,4%). De waarde van de export per hoofd in Noord-Afrika onder de leiders: Libië ($3.697,8), Algerije ($276,8), Tunesië ($211,1), Marokko ($116,1) en Egypte ($60,4). De groei van de export onder de leiders: Tunesië (10,8%), Libië (7,6%), Egypte (6,5%), Marokko (4,5%) en Algerije (2,5%).

de jaren 1980

De waarde van de export in Noord-Afrika bedroeg in de jaren 1980 US$38,8 miljard per jaar. Het aandeel in de wereld was 1,5%, en 35,6% in Afrika.

Het aandeel van de export in het BBP van Noord-Afrika was 27,1% in de jaren 1980, en was vergelijkbaar met Montserrat (27,3%).

De waarde van de export per hoofd in Noord-Afrika was $307,7 in de jaren 1980s, en was vergelijkbaar met Ecuador (US$311,9), Guyana (US$300,7). De uitvoer per hoofd in Noord-Afrika was 41,9% lager dan de export per hoofd van de bevolking in de wereld ($529,9), en was 52,7% hoger dan de export per hoofd van de bevolking in Afrika ($529,9).

De groei van de export in Noord-Afrika bedroeg -2.4% in de jaren 1980. De groei van de export in Noord-Afrika (-2,4%) was minder dan de groei van de export in de wereld (3,8%), was minder dan de groei van de export in Afrika (-0,87%).

Vergelijking met subregio's. De uitvoer van Noord-Afrika was groter dan in Zuidelijk Afrika (US$25,5 miljard), in West-Afrika (US$22,1 miljard), in Centraal-Afrika (US$13,5 miljard) en in Oost-Afrika (US$9,1 miljard). De uitvoer per hoofd in Noord-Afrika was in Noord-Afrika groter dan in Centraal-Afrika (US$224,2), in West-Afrika (US$141,7) en in Oost-Afrika (US$56,1); maar minder dan in Zuidelijk Afrika (US$695,6). De groei van de export in Noord-Afrika was minder dan in Centraal-Afrika (5,0%), in West-Afrika (3,5%), in

Oost-Afrika (2,4%) en in Zuidelijk Afrika (1,8%).

Leiders. De uitvoer van Noord-Afrika in de jaren 1980 bestond uit: Libië (35,4%), Algerije (31,1%), Egypte (12,1%), Marokko (11,7%), Tunesië (8,4%), en andere (1,3%). Het aandeel van de export in BBP van de leiders: Libië (46,6%), Tunesië (33,4%), Marokko (22,8%), Algerije (22,7%) en Egypte (20,6%). De uitvoer per hoofd in Noord-Afrika onder de leiders: Libië ($3.617,5), Algerije ($546,2), Tunesië ($451,0), Marokko ($204,7) en Egypte ($96,4). De groei van de export onder de leiders: Marokko (5,3%), Egypte (5,2%), Tunesië (4,8%), Algerije (2,4%) en Libië (-4,4%).

de jaren 1990

De waarde van de export in Noord-Afrika bedroeg in de jaren 1990 US$51,3 miljard per jaar, en was vergelijkbaar met Indonesië (US$51,0 miljard), Saoedi-Arabië (US$52,4 miljard). Het aandeel in de wereld was 0,87%, en 35,8% in Afrika.

Het aandeel van de export in het BBP van Noord-Afrika was 24,4% in de jaren 1990, en was vergelijkbaar met het Verenigd Koninkrijk (24,4%), Zuidelijk Afrika (24,5%), Afrika (24,3%).

De waarde van de export per hoofd in Noord-Afrika was $321,0 in de jaren 1990s, en was vergelijkbaar met Centraal-Azië (US$320,5), Samoa (US$323,2), El Salvador (US$315,3). De uitvoer per hoofd in Noord-Afrika was in 3,2 keer lager dan de export per hoofd van de bevolking in de wereld ($1.029,5), en was 58,8% hoger dan de export per hoofd van de bevolking in Afrika ($1.029,5).

De groei van de export in Noord-Afrika bedroeg 1.2% in de jaren 1990. De groei van de export in Noord-Afrika (1,2%) was minder dan de groei van de export in de wereld (6,9%), was minder dan de groei van de export in Afrika (2,5%).

Vergelijking met subregio's. De uitvoer van Noord-Afrika was groter dan in Zuidelijk Afrika (US$36,7 miljard), in West-Afrika (US$23,7 miljard), in Centraal-Afrika (US$17,6 miljard) en in Oost-Afrika (US$13,9 miljard). De uitvoer per hoofd in Noord-Afrika was in Noord-Afrika groter dan in Centraal-Afrika (US$214,0), in West-Afrika (US$116,3) en in Oost-Afrika (US$64,3); maar minder dan in Zuidelijk Afrika (US$787,6). De groei van de export in Noord-Afrika was minder dan in Centraal-Afrika (7,3%), in Oost-Afrika (5,9%), in Zuidelijk Afrika (4,4%) en in West-Afrika (2,3%).

Leiders. De waarde van de export in Noord-Afrika in de jaren 1990 bestond uit: Egypte (25,6%), Algerije (24,4%), Libië (18,1%), Marokko (17,1%), Tunesië (13,7%), en andere (1,1%). Het aandeel van de export in BBP van de leiders: Tunesië (38,1%), Libië (28,8%), Algerije (25,8%), Marokko (23,8%) en Egypte (20,9%). De waarde van de export per hoofd in Noord-Afrika onder de leiders: Libië ($1.898,8), Tunesië ($782,9), Algerije ($441,0), Marokko ($328,1) en Egypte ($212,3). De groei van de export onder de leiders: Marokko (5,5%), Tunesië (4,7%), Egypte (3,8%), Algerije (2,8%) en Libië (-0,25%).

de jaren 2000

De uitvoer van Noord-Afrika bedroeg in de jaren 2000 US$141,1 miljard per jaar, en was vergelijkbaar met Australië (US$143,4 miljard). Het aandeel in de wereld was 1,1%, en 39,1% in Afrika.

Het aandeel van de export in het BBP van Noord-Afrika was 36,5% in de jaren 2000, en was vergelijkbaar met Syrië (36,6%), Kroatië (36,3%), Israël (36,9%).

De waarde van de export per hoofd in Noord-Afrika was $741,0 in de jaren 2000s, en was vergelijkbaar met Samoa (US$737,7), Peru (US$724,8). De waarde van de export per hoofd in Noord-Afrika was in 2,6 keer lager dan de export per hoofd van de bevolking in de wereld ($1.933,7), en was 86,0% hoger dan de export per hoofd van de bevolking in Afrika ($1.933,7).

De groei van de export in Noord-Afrika bedroeg 5.6% in de jaren 2000, en was vergelijkbaar met Luxemburg (5,6%), Haïti (5,6%). De groei van de export in Noord-Afrika (5,6%) was groter dan de groei van de export in de wereld (4,8%), was groter dan de groei van de export in Afrika (5,3%).

Vergelijking met subregio's. De uitvoer van Noord-Afrika was groter dan in Zuidelijk Afrika (US$73,6 miljard), in West-Afrika (US$65,5 miljard), in Centraal-Afrika (US$52,5 miljard) en in Oost-Afrika (US$28,6 miljard). De waarde van de export per hoofd in Noord-Afrika was in Noord-Afrika groter dan in Centraal-Afrika (US$473,2), in West-Afrika (US$246,7) en in Oost-Afrika (US$100,2); maar minder dan in Zuidelijk Afrika (US$1.352,2). De groei van de export in Noord-Afrika was groter dan in West-Afrika (5,5%) en in Zuidelijk Afrika (2,0%); maar minder dan in Oost-Afrika (8,6%) en in Centraal-Afrika (5,9%).

Leiders. De uitvoer van Noord-Afrika in de jaren 2000 bestond uit: Algerije (30,0%), Libië (22,2%), Egypte (21,1%), Marokko (13,8%), Tunesië (10,4%), en andere (2,5%). Het aandeel van de export in BBP van de leiders: Libië (65,1%), Tunesië (45,8%), Algerije (43,0%),

Marokko (30,9%) en Egypte (26,8%). De waarde van de export per hoofd in Noord-Afrika onder de leiders: Libië ($5.444,0), Tunesië ($1.448,6), Algerije ($1.281,2), Marokko ($641,4) en Egypte ($398,0). De groei van de export onder de leiders: Egypte (6,9%), Marokko (6,7%), Libië (6,4%), Tunesië (3,4%) en Algerije (0,89%).

de jaren 2010

De waarde van de export in Noord-Afrika bedroeg in de jaren 2010 US$191,0 miljard per jaar. Het aandeel in de wereld was 0,84%, en 30,6% in Afrika.

Het aandeel van de export in het BBP van Noord-Afrika was 26,8% in de jaren 2010, en was vergelijkbaar met Oost-Azië (26,8%), Madagaskar (26,9%), Afrika (27,0%).

De waarde van de export per hoofd in Noord-Afrika was $862,9 in de jaren 2010s, en was vergelijkbaar met de Filipijnen (US$845,7). De uitvoer per hoofd in Noord-Afrika was in 3,6 keer lager dan de export per hoofd van de bevolking in de wereld ($3.098,9), en was 61,5% hoger dan de export per hoofd van de bevolking in Afrika ($3.098,9).

De groei van de export in Noord-Afrika bedroeg -6.3% in de jaren 2010. De groei van de export in Noord-Afrika (-6,3%) was minder dan de groei van de export in de wereld (4,4%), was minder dan de groei van de export in Afrika (-1,2%).

Vergelijking met subregio's. De waarde van de export in Noord-Afrika was 36,4% groter dan in West-Afrika (US$140,0 miljard), 55,0% groter dan in Zuidelijk Afrika (US$123,2 miljard), 89,0% groter dan in Centraal-Afrika (US$101,1 miljard) en 2,8 keer groter dan in Oost-Afrika (US$68,9 miljard). De waarde van de export per hoofd in Noord-Afrika was in Noord-Afrika30,0% groter dan in Centraal-Afrika (US$663,8), 2,1 keer groter dan in West-Afrika (US$402,5) en 4,8 keer groter dan in Oost-Afrika (US$179,3); maar 2,3 keer minder dan in Zuidelijk Afrika (US$1.971,2). De groei van de export in Noord-Afrika was minder dan in West-Afrika (6,9%), in Oost-Afrika (4,4%), in Zuidelijk Afrika (2,3%) en in Centraal-Afrika (0,20%).

Leiders. De waarde van de export in Noord-Afrika in de jaren 2010 bestond uit: Algerije (28,6%), Egypte (22,6%), Marokko (19,8%), Libië (16,0%), Tunesië (10,3%), en andere (2,8%). Het aandeel van de export in BBP van de leiders: Libië (68,2%), Tunesië (45,6%), Marokko (35,6%), Algerije (29,7%) en Egypte (16,3%). De uitvoer per hoofd in Noord-Afrika onder de leiders: Libië ($4.739,9), Tunesië ($1.767,0), Algerije ($1.384,6), Marokko ($1.097,9) en Egypte ($472,4). De groei van de export onder de leiders: Marokko (6,9%), Tunesië (1,7%), Egypte (0,62%), Algerije (-1,9%) en Libië (-18,4%).

Hoofdstuk XI. Invoer

Invoer van goederen en diensten

De waarde van de invoer in Noord-Afrika steeg van US$19,8 miljard per jaar in de jaren 1970 tot US$233,9 miljard per jaar in de jaren 2010, dat wil zeggen met US$214,1 miljard of 11,8 keer. De verandering vond plaats op US$175,4 miljard als gevolg van een 4,0-voudige stijging van de prijzen, en ook op US$13,1 miljard als gevolg van een 1,3-voudige toename van het tarief per hoofd , evenals op US$25,6 miljard als gevolg van de toename van de bevolking. De gemiddelde jaarlijkse groei van de invoer is 3,3%. De minimumwaarde van de invoer bedroeg US$5,9 miljard in 1970. De maximumwaarde van de invoer bedroeg US$277,9 miljard in 2014.

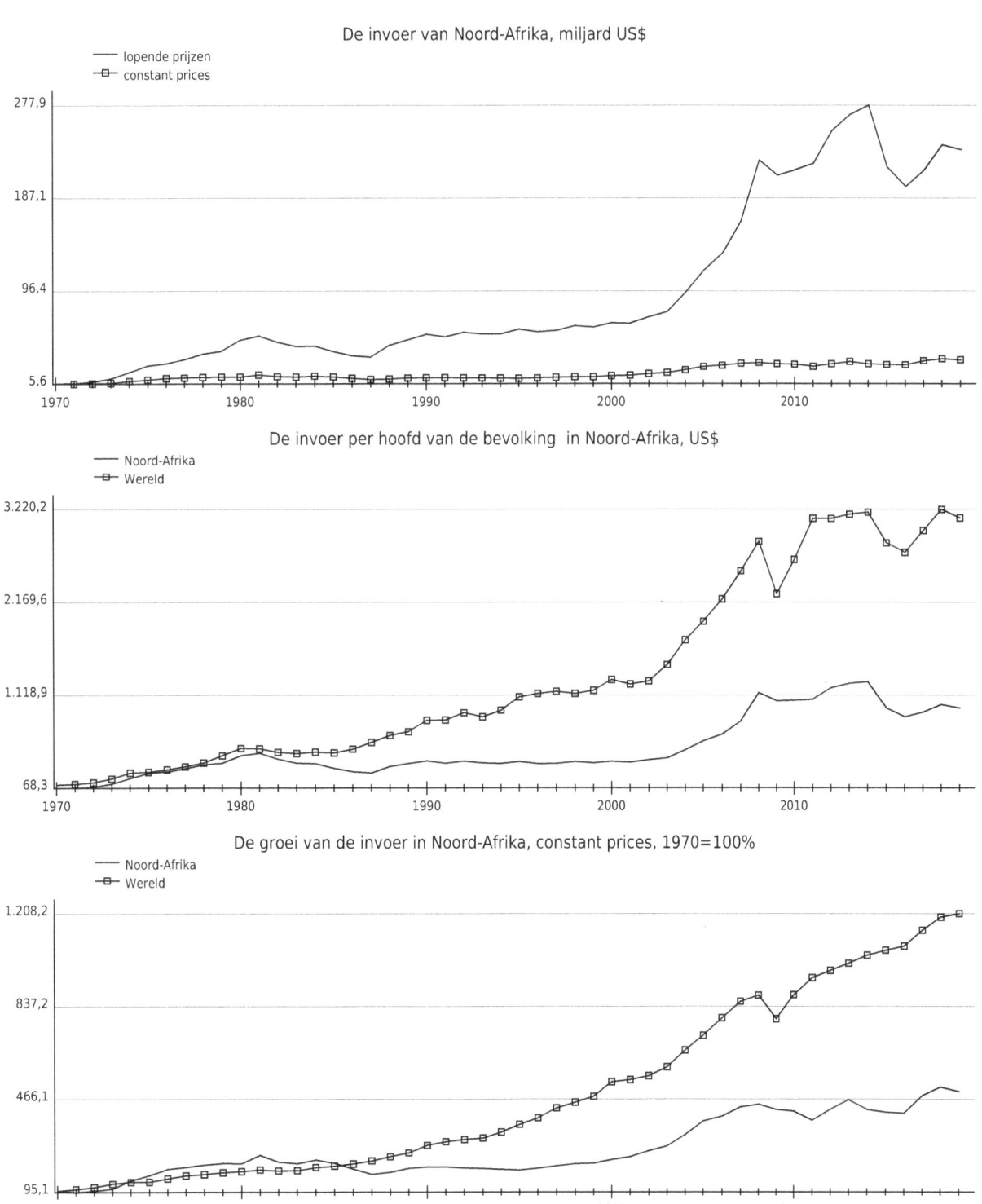

De invoer van Noord-Afrika, miljard US$

De invoer per hoofd van de bevolking in Noord-Afrika, US$

De groei van de invoer in Noord-Afrika, constant prices, 1970=100%

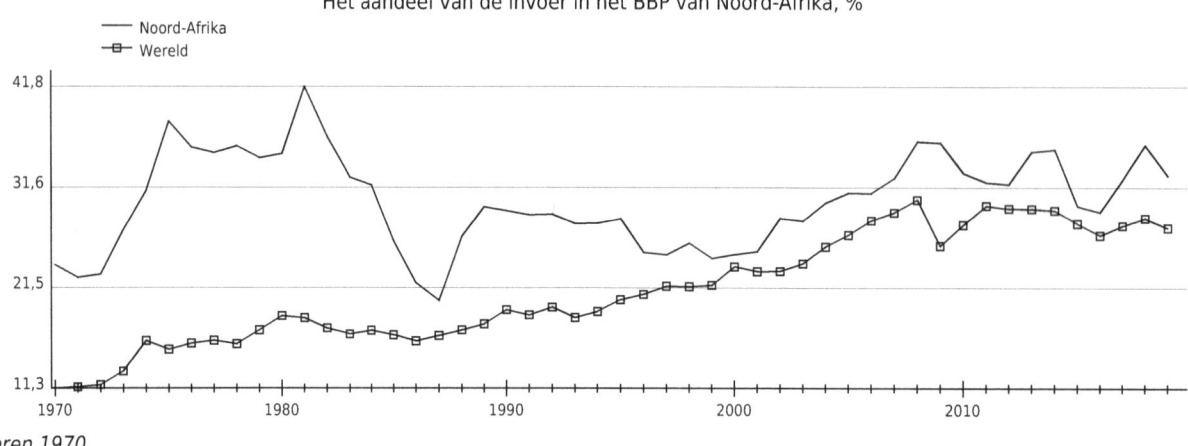

Het aandeel van de invoer in het BBP van Noord-Afrika, %

de jaren 1970

De invoer van Noord-Afrika bedroeg in de jaren 1970 US$19,8 miljard per jaar, en was vergelijkbaar met Oceanië (US$19,5 miljard). Het aandeel in de wereld was 2,0%, en 33,8% in Afrika.

Het aandeel van de invoer in het BBP van Noord-Afrika was 33,0% in de jaren 1970, en was vergelijkbaar met Tunesië (33,0%), Syrië (32,7%), Angola (33,3%).

De invoer per hoofd in Noord-Afrika was $204,9 in de jaren 1970s, en was vergelijkbaar met Kameroen (US$206,3). De invoer per hoofd in Noord-Afrika was 16,2% lager dan de invoer per hoofd van de bevolking in de wereld ($244,3), en was 43,7% hoger dan de invoer per hoofd van de bevolking in Afrika ($244,3).

De groei van de invoer in Noord-Afrika bedroeg 8.6% in de jaren 1970, en was vergelijkbaar met West-Afrika (8,7%). De groei van de invoer in Noord-Afrika (8,6%) was groter dan de groei van de invoer in de wereld (6,3%), was groter dan de groei van de invoer in Afrika (6,7%).

Vergelijking met subregio's. De invoer van Noord-Afrika was groter dan in West-Afrika (US$11,8 miljard), in Zuidelijk Afrika (US$10,1 miljard), in Centraal-Afrika (US$8,9 miljard) en in Oost-Afrika (US$7,9 miljard). De waarde van de invoer per hoofd in Noord-Afrika was in Noord-Afrika groter dan in Centraal-Afrika (US$195,3), in West-Afrika (US$99,3) en in Oost-Afrika (US$65,6); maar minder dan in Zuidelijk Afrika (US$357,7). De groei van de invoer in Noord-Afrika was groter dan in Centraal-Afrika (2,7%), in Oost-Afrika (1,9%) en in Zuidelijk Afrika (0,28%); maar minder dan in West-Afrika (8,7%).

Leiders. De invoer van Noord-Afrika in de jaren 1970 bestond uit: Libië (28,4%), Algerije (28,2%), Egypte (18,2%), Marokko (15,0%), Tunesië (7,1%), en andere (3,1%). Het aandeel van de invoer in BBP van de leiders: Libië (40,8%), Algerije (36,1%), Tunesië (33,0%), Marokko (29,4%) en Egypte (27,0%). De invoer per hoofd in Noord-Afrika onder de leiders: Libië ($2.160,9), Algerije ($338,3), Tunesië ($250,1), Marokko ($168,0) en Egypte ($93,9). De groei van de invoer onder de leiders: Tunesië (11,5%), Algerije (10,6%), Egypte (8,8%), Libië (8,1%) en Marokko (5,8%).

de jaren 1980

De invoer van Noord-Afrika bedroeg in de jaren 1980 US$42,7 miljard per jaar, en was vergelijkbaar met Zweden (US$43,1 miljard). Het aandeel in de wereld was 1,6%, en 37,9% in Afrika.

Het aandeel van de invoer in het BBP van Noord-Afrika was 29,8% in de jaren 1980.

De waarde van de invoer per hoofd in Noord-Afrika was $338,6 in de jaren 1980s, en was vergelijkbaar met Ecuador (US$339,2). De invoer per hoofd in Noord-Afrika was 37,2% lager dan de invoer per hoofd van de bevolking in de wereld ($539,1), en was 62,8% hoger dan de invoer per hoofd van de bevolking in Afrika ($539,1).

De groei van de invoer in Noord-Afrika bedroeg -1% in de jaren 1980, en was vergelijkbaar met Guinee-Bissau (-1,0%). De groei van de invoer in Noord-Afrika (-1,0%) was minder dan de groei van de invoer in de wereld (3,8%), was groter dan de groei van de invoer in Afrika (-3,1%).

Vergelijking met subregio's. De waarde van de invoer in Noord-Afrika was groter dan in Zuidelijk Afrika (US$22,1 miljard), in West-Afrika (US$20,0 miljard), in Centraal-Afrika (US$14,8 miljard) en in Oost-Afrika (US$13,0 miljard). De waarde van de invoer per hoofd in Noord-Afrika was in Noord-Afrika groter dan in Centraal-Afrika (US$245,4), in West-Afrika (US$128,2) en in Oost-Afrika (US$80,3); maar minder dan in Zuidelijk Afrika (US$601,7). De groei van de invoer in Noord-Afrika was groter dan in West-Afrika (-9,5%); maar minder dan in Zuidelijk Afrika (2,1%), in Oost-Afrika (1,6%) en in Centraal-Afrika (-0,17%).

Leiders. De invoer van Noord-Afrika in de jaren 1980 bestond uit: Algerije (29,3%), Libië (27,7%), Egypte (18,1%), Marokko (13,6%), Tunesië (8,9%), en andere (2,4%). Het aandeel van de invoer in BBP van de leiders: Libië (40,1%), Tunesië (38,8%), Egypte (33,9%), Marokko (29,3%) en Algerije (23,5%). De waarde van de invoer per hoofd in Noord-Afrika onder de leiders: Libië ($3.116,2), Algerije ($565,6), Tunesië ($523,7), Marokko ($262,3) en Egypte ($158,8). De groei van de invoer onder de leiders: Egypte (2,8%), Tunesië (2,1%), Marokko (1,8%), Algerije (-0,90%) en Libië (-7,9%).

de jaren 1990

De invoer van Noord-Afrika bedroeg in de jaren 1990 US$56,7 miljard per jaar, en was vergelijkbaar met Brazilië (US$55,9 miljard), Thailand (US$57,9 miljard). Het aandeel in de wereld was 0,98%, en 37,9% in Afrika.

Het aandeel van de invoer in het BBP van Noord-Afrika was 27,0% in de jaren 1990, en was vergelijkbaar met Europa (27,1%), Finland (27,2%), de Centraal-Afrikaanse Republiek (27,2%).

De invoer per hoofd in Noord-Afrika was $355,1 in de jaren 1990s, en was vergelijkbaar met Iran (US$348,2), Brazilië (US$348,1). De waarde van de invoer per hoofd in Noord-Afrika was in 2,9 keer lager dan de invoer per hoofd van de bevolking in de wereld ($1.015,5), en was 68,0% hoger dan de invoer per hoofd van de bevolking in Afrika ($1.015,5).

De groei van de invoer in Noord-Afrika bedroeg 1% in de jaren 1990. De groei van de invoer in Noord-Afrika (1,0%) was minder dan de groei van de invoer in de wereld (6,6%), was minder dan de groei van de invoer in Afrika (3,8%).

Vergelijking met subregio's. De waarde van de invoer in Noord-Afrika was groter dan in Zuidelijk Afrika (US$34,1 miljard), in West-Afrika (US$22,9 miljard), in Oost-Afrika (US$19,2 miljard) en in Centraal-Afrika (US$16,8 miljard). De invoer per hoofd in Noord-Afrika was in Noord-Afrika groter dan in Centraal-Afrika (US$204,0), in West-Afrika (US$112,5) en in Oost-Afrika (US$88,8); maar minder dan in Zuidelijk Afrika (US$731,8). De groei van de invoer in Noord-Afrika was minder dan in Centraal-Afrika (10,3%), in Oost-Afrika (6,0%), in Zuidelijk Afrika (4,6%) en in West-Afrika (4,1%).

Leiders. De invoer van Noord-Afrika in de jaren 1990 bestond uit: Egypte (30,5%), Algerije (20,8%), Marokko (18,3%), Libië (14,3%), Tunesië (13,6%), en andere (2,6%). Het aandeel van de invoer in BBP van de leiders: Tunesië (41,7%), Marokko (28,1%), Egypte (27,5%), Libië (25,2%) en Algerije (24,3%). De waarde van de invoer per hoofd in Noord-Afrika onder de leiders: Libië ($1.661,0), Tunesië ($856,8), Algerije ($415,3), Marokko ($387,8) en Egypte ($279,8). De groei van de invoer onder de leiders: Marokko (4,1%), Tunesië (3,6%), Egypte (1,2%), Algerije (-2,7%) en Libië (-2,8%).

de jaren 2000

De waarde van de invoer in Noord-Afrika bedroeg in de jaren 2000 US$121,9 miljard per jaar, en was vergelijkbaar met Brazilië (US$121,5 miljard), Thailand (US$119,6 miljard). Het aandeel in de wereld was 0,99%, en 36,4% in Afrika.

Het aandeel van de invoer in het BBP van Noord-Afrika was 31,6% in de jaren 2000, en was vergelijkbaar met Benin (31,6%), Chili (31,5%), Nepal (31,7%).

De invoer per hoofd in Noord-Afrika was $640,5 in de jaren 2000s, en was vergelijkbaar met Papoea-Nieuw-Guinea (US$648,5), Oost-Timor (US$656,3). De invoer per hoofd in Noord-Afrika was in 3,0 keer lager dan de invoer per hoofd van de bevolking in de wereld ($1.899,9), en was 73,4% hoger dan de invoer per hoofd van de bevolking in Afrika ($1.899,9).

De groei van de invoer in Noord-Afrika bedroeg 7.3% in de jaren 2000, en was vergelijkbaar met Indonesië (7,3%). De groei van de invoer in Noord-Afrika (7,3%) was groter dan de groei van de invoer in de wereld (5,1%), was minder dan de groei van de invoer in Afrika (7,6%).

Vergelijking met subregio's. De waarde van de invoer in Noord-Afrika was groter dan in Zuidelijk Afrika (US$74,0 miljard), in West-Afrika (US$58,3 miljard), in Centraal-Afrika (US$40,3 miljard) en in Oost-Afrika (US$40,2 miljard). De waarde van de invoer per hoofd in Noord-Afrika was in Noord-Afrika groter dan in Centraal-Afrika (US$363,9), in West-Afrika (US$219,9) en in Oost-Afrika (US$140,8); maar minder dan in Zuidelijk Afrika (US$1.360,4). De groei van de invoer in Noord-Afrika was groter dan in Zuidelijk Afrika (5,3%) en in Centraal-Afrika (5,1%); maar minder dan in Oost-Afrika (10,8%) en in West-Afrika (9,6%).

Leiders. De invoer van Noord-Afrika in de jaren 2000 bestond uit: Egypte (28,1%), Algerije (21,2%), Marokko (19,9%), Libië (13,2%), Tunesië (12,7%), en andere (4,9%). Het aandeel van de invoer in BBP van de leiders: Tunesië (48,4%), Marokko (38,6%), Libië (33,5%), Egypte (30,8%) en Algerije (26,3%). De invoer per hoofd in Noord-Afrika onder de leiders: Libië ($2.807,4), Tunesië ($1.530,9), Marokko ($800,6), Algerije ($783,0) en Egypte ($457,4). De groei van de invoer onder de leiders: Libië (10,6%), Algerije (10,3%), Marokko (8,0%), Egypte (6,1%) en Tunesië (3,3%).

de jaren 2010

De invoer van Noord-Afrika bedroeg in de jaren 2010 US$233,9 miljard per jaar. Het aandeel in de wereld was 1,1%, en 33,8% in Afrika.

Het aandeel van de invoer in het BBP van Noord-Afrika was 32,8% in de jaren 2010, en was vergelijkbaar met Canada (32,9%), Qatar (32,7%), de Centraal-Afrikaanse Republiek (32,9%).

De invoer per hoofd in Noord-Afrika was $1.056,3 in de jaren 2010s, en was vergelijkbaar met de Filipijnen (US$1.046,9), Bolivia (US$1.036,6). De invoer per hoofd in Noord-Afrika was in 2,9 keer lager dan de invoer per hoofd van de bevolking in de wereld ($3.015,6), en was 78,4% hoger dan de invoer per hoofd van de bevolking in Afrika ($3.015,6).

De groei van de invoer in Noord-Afrika bedroeg 1.6% in de jaren 2010, en was vergelijkbaar met de Bahama's (1,6%). De groei van de invoer in Noord-Afrika (1,6%) was minder dan de groei van de invoer in de wereld (4,4%), was minder dan de groei van de invoer in Afrika (2,0%).

Vergelijking met subregio's. De waarde van de invoer in Noord-Afrika was 68,8% groter dan in West-Afrika (US$138,5 miljard), 83,1% groter dan in Zuidelijk Afrika (US$127,7 miljard), 2,2 keer groter dan in Oost-Afrika (US$108,7 miljard) en 2,8 keer groter dan in Centraal-Afrika (US$83,0 miljard). De invoer per hoofd in Noord-Afrika was in Noord-Afrika93,7% groter dan in Centraal-Afrika (US$545,2), 2,7 keer groter dan in West-Afrika (US$398,2) en 3,7 keer groter dan in Oost-Afrika (US$282,9); maar 48,3% minder dan in Zuidelijk Afrika (US$2,0 duizend). De groei van de invoer in Noord-Afrika was groter dan in West-Afrika (1,4%) en in Centraal-Afrika (-1,8%); maar minder dan in Oost-Afrika (5,6%) en in Zuidelijk Afrika (3,5%).

Leiders. De invoer van Noord-Afrika in de jaren 2010 bestond uit: Egypte (27,6%), Algerije (24,7%), Marokko (21,3%), Libië (11,9%), Tunesië (10,3%), en andere (4,2%). Het aandeel van de invoer in BBP van de leiders: Libië (62,2%), Tunesië (55,6%), Marokko (46,9%), Algerije (31,5%) en Egypte (24,4%). De invoer per hoofd in Noord-Afrika onder de leiders: Libië ($4.322,0), Tunesië ($2.157,9), Algerije ($1.467,8), Marokko ($1.447,0) en Egypte ($706,4). De groei van de invoer onder de leiders: Marokko (5,6%), Tunesië (2,4%), Egypte (2,0%), Algerije (1,5%) en Libië (-5,3%).

Part IV. Verbruik

Hoofdstuk XII. Overheidsuitgaven

Consumptie-uitgaven van de overheid

De overheidsuitgaven van Noord-Afrika steeg van US$10,7 miljard per jaar in de jaren 1970 tot US$115,2 miljard per jaar in de jaren 2010, dat wil zeggen met US$104,5 miljard of 10,7 keer. De verandering vond plaats op US$78,6 miljard als gevolg van een 3,1-voudige stijging van de prijzen, en ook op US$12,0 miljard als gevolg van een 1,5-voudige toename van het tarief per hoofd , evenals op US$13,9 miljard als gevolg van de toename van de bevolking. De gemiddelde jaarlijkse groei van de overheidsuitgaven is 3,3%. De minimumwaarde van de overheidsuitgaven bedroeg US$4,3 miljard in 1970. De maximumwaarde van de overheidsuitgaven bedroeg US$147,9 miljard in 2014.

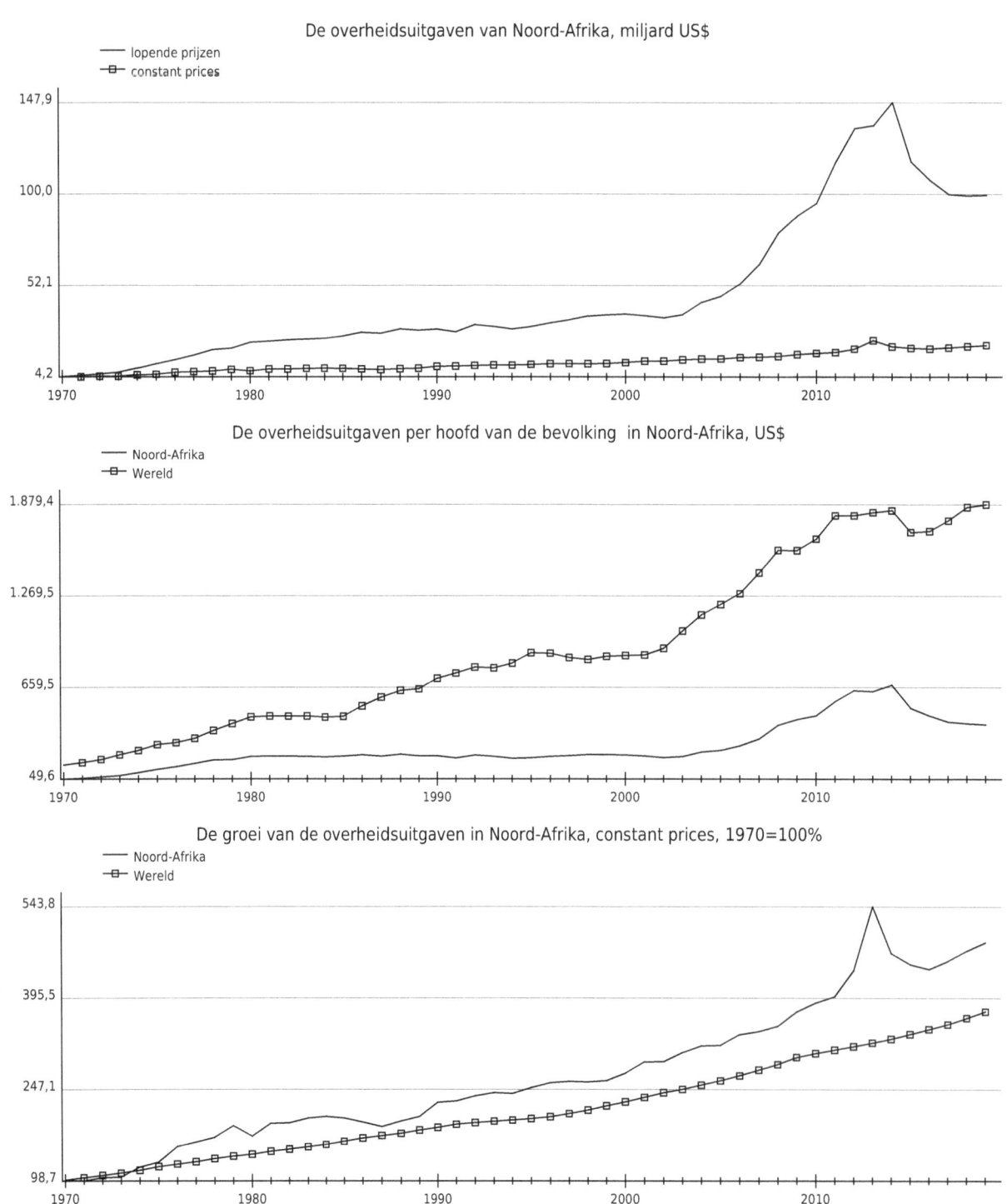

De overheidsuitgaven van Noord-Afrika, miljard US$

De overheidsuitgaven per hoofd van de bevolking in Noord-Afrika, US$

De groei van de overheidsuitgaven in Noord-Afrika, constant prices, 1970=100%

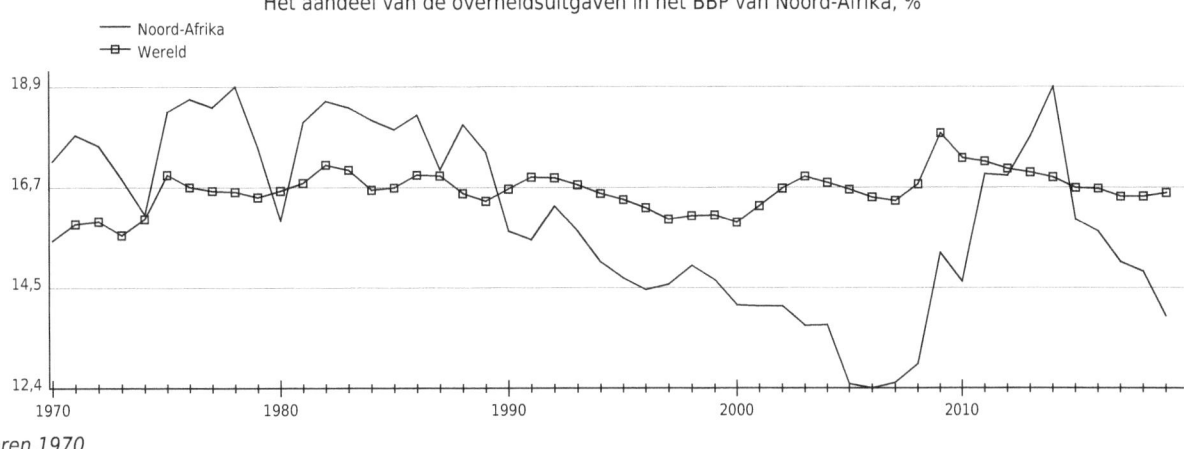

Het aandeel van de overheidsuitgaven in het BBP van Noord-Afrika, %

de jaren 1970

De overheidsuitgaven van Noord-Afrika bedroeg in de jaren 1970 US$10,7 miljard per jaar. Het aandeel in de wereld was 1,0%, en 34,0% in Afrika.

Het aandeel van de overheidsuitgaven in het BBP van Noord-Afrika was 17,9% in de jaren 1970, en was vergelijkbaar met Ecuador (17,9%), Namibië (17,8%), Oost-Europa (18,0%).

De overheidsuitgaven per hoofd in Noord-Afrika was $111,3 in de jaren 1970s, en was vergelijkbaar met Peru (US$109,9), Ivoorkust (US$109,0), Dominica (US$113,9). De overheidsuitgaven per hoofd in Noord-Afrika was in 2,4 keer lager dan de overheidsuitgaven per hoofd van de bevolking in de wereld ($265,2), en was 44,4% hoger dan de overheidsuitgaven per hoofd van de bevolking in Afrika ($265,2).

De groei van de overheidsuitgaven in Noord-Afrika bedroeg 7.3% in de jaren 1970, en was vergelijkbaar met de Sovjet-Unie (7,2%), de Filipijnen (7,3%), Bulgarije (7,3%). De groei van de overheidsuitgaven in Noord-Afrika (7,3%) was groter dan de groei van de overheidsuitgaven in de wereld (3,7%), was groter dan de groei van de overheidsuitgaven in Afrika (4,9%).

Vergelijking met subregio's. De overheidsuitgaven van Noord-Afrika was groter dan in Oost-Afrika (US$6,9 miljard), in Zuidelijk Afrika (US$5,4 miljard), in Centraal-Afrika (US$4,4 miljard) en in West-Afrika (US$4,3 miljard). De overheidsuitgaven per hoofd in Noord-Afrika was in Noord-Afrika groter dan in Centraal-Afrika (US$95,9), in Oost-Afrika (US$56,8) en in West-Afrika (US$36,1); maar minder dan in Zuidelijk Afrika (US$189,9). De groei van de overheidsuitgaven in Noord-Afrika was groter dan in West-Afrika (6,8%), in Oost-Afrika (6,0%), in Zuidelijk Afrika (5,2%) en in Centraal-Afrika (-1,0%).

Leiders. De overheidsuitgaven van Noord-Afrika in de jaren 1970 bestond uit: Egypte (29,0%), Libië (27,1%), Algerije (18,9%), Marokko (14,9%), Tunesië (6,3%), en andere (3,9%). Het aandeel van de overheidsuitgaven in BBP van de leiders: Egypte (23,4%), Libië (21,1%), Tunesië (15,9%), Marokko (15,8%) en Algerije (13,2%). De overheidsuitgaven per hoofd in Noord-Afrika onder de leiders: Libië ($1.119,3), Algerije ($123,3), Tunesië ($120,2), Marokko ($90,5) en Egypte ($81,4). De groei van de overheidsuitgaven onder de leiders: Marokko (12,3%), Algerije (11,1%), Libië (8,5%), Tunesië (6,8%) en Egypte (4,5%).

de jaren 1980

De overheidsuitgaven van Noord-Afrika bedroeg in de jaren 1980 US$25,5 miljard per jaar, en was vergelijkbaar met Brazilië (US$25,9 miljard). Het aandeel in de wereld was 1,0%, en 36,7% in Afrika.

Het aandeel van de overheidsuitgaven in het BBP van Noord-Afrika was 17,8% in de jaren 1980, en was vergelijkbaar met Kaapverdië (17,7%), Saint Vincent en de Grenadines (17,8%), Panama (17,7%).

De overheidsuitgaven per hoofd in Noord-Afrika was $201,9 in de jaren 1980s, en was vergelijkbaar met Mauritius (US$199,7), Congo (US$205,8), Gambia (US$197,6). De overheidsuitgaven per hoofd in Noord-Afrika was in 2,6 keer lager dan de overheidsuitgaven per hoofd van de bevolking in de wereld ($523,5), en was 57,4% hoger dan de overheidsuitgaven per hoofd van de bevolking in Afrika ($523,5).

De groei van de overheidsuitgaven in Noord-Afrika bedroeg 0.8% in de jaren 1980, en was vergelijkbaar met het Verenigd Koninkrijk (0,76%). De groei van de overheidsuitgaven in Noord-Afrika (0,77%) was minder dan de groei van de overheidsuitgaven in de wereld (2,7%), was minder dan de groei van de overheidsuitgaven in Afrika (1,8%).

Vergelijking met subregio's. De overheidsuitgaven van Noord-Afrika was groter dan in Zuidelijk Afrika (US$15,3 miljard), in Oost-Afrika (US$12,8 miljard), in West-Afrika (US$8,7 miljard) en in Centraal-Afrika (US$7,2 miljard). De overheidsuitgaven per hoofd in Noord-Afrika was in Noord-Afrika groter dan in Centraal-Afrika (US$119,6), in Oost-Afrika (US$78,6) en in West-Afrika (US$55,7); maar minder dan in Zuidelijk Afrika (US$418,2). De groei van de overheidsuitgaven in Noord-Afrika was groter dan in West-Afrika (-0,22%); maar minder dan in Zuidelijk Afrika (4,2%), in Oost-Afrika (2,1%) en in Centraal-Afrika (2,1%).

Leiders. De overheidsuitgaven van Noord-Afrika in de jaren 1980 bestond uit: Algerije (33,9%), Libië (31,8%), Egypte (13,7%), Marokko (11,6%), Tunesië (6,5%), en andere (2,6%). Het aandeel van de overheidsuitgaven in BBP van de leiders: Libië (27,5%), Tunesië (17,1%), Algerije (16,2%), Egypte (15,3%) en Marokko (14,8%). De overheidsuitgaven per hoofd in Noord-Afrika onder de leiders: Libië ($2.133,4), Algerije ($390,6), Tunesië ($230,6), Marokko ($132,6) en Egypte ($71,4). De groei van de overheidsuitgaven onder de leiders: Tunesië (5,5%), Egypte (4,9%), Marokko (4,1%), Algerije (0,74%) en Libië (-5,0%).

de jaren 1990

De overheidsuitgaven van Noord-Afrika bedroeg in de jaren 1990 US$31,8 miljard per jaar. Het aandeel in de wereld was 0,68%, en 35,7% in Afrika.

Het aandeel van de overheidsuitgaven in het BBP van Noord-Afrika was 15,1% in de jaren 1990, en was vergelijkbaar met San Marino (15,1%), Afrika (15,1%), Amerika (15,2%).

De overheidsuitgaven per hoofd in Noord-Afrika was $199,4 in de jaren 1990s. De overheidsuitgaven per hoofd in Noord-Afrika was in 4,1 keer lager dan de overheidsuitgaven per hoofd van de bevolking in de wereld ($824,8), en was 58,1% hoger dan de overheidsuitgaven per hoofd van de bevolking in Afrika ($824,8).

De groei van de overheidsuitgaven in Noord-Afrika bedroeg 2.5% in de jaren 1990, en was vergelijkbaar met Oost-Afrika (2,5%), Zuidwest-Azië (2,5%), Slovenië (2,6%). De groei van de overheidsuitgaven in Noord-Afrika (2,5%) was groter dan de groei van de overheidsuitgaven in de wereld (2,0%), was groter dan de groei van de overheidsuitgaven in Afrika (1,6%).

Vergelijking met subregio's. De overheidsuitgaven van Noord-Afrika was groter dan in Zuidelijk Afrika (US$29,4 miljard), in Oost-Afrika (US$10,8 miljard), in Centraal-Afrika (US$9,1 miljard) en in West-Afrika (US$8,1 miljard). De overheidsuitgaven per hoofd in Noord-Afrika was in Noord-Afrika groter dan in Centraal-Afrika (US$111,0), in Oost-Afrika (US$49,9) en in West-Afrika (US$39,8); maar minder dan in Zuidelijk Afrika (US$631,1). De groei van de overheidsuitgaven in Noord-Afrika was groter dan in Oost-Afrika (2,5%), in West-Afrika (1,2%), in Zuidelijk Afrika (1,0%) en in Centraal-Afrika (-0,32%).

Leiders. De overheidsuitgaven van Noord-Afrika in de jaren 1990 bestond uit: Algerije (25,7%), Libië (24,7%), Egypte (20,0%), Marokko (18,0%), Tunesië (9,6%), en andere (2,1%). Het aandeel van de overheidsuitgaven in BBP van de leiders: Libië (24,4%), Algerije (16,9%), Tunesië (16,6%), Marokko (15,5%) en Egypte (10,1%). De overheidsuitgaven per hoofd in Noord-Afrika onder de leiders: Libië ($1.608,3), Tunesië ($341,1), Algerije ($288,1), Marokko ($213,9) en Egypte ($103,0). De groei van de overheidsuitgaven onder de leiders: Egypte (5,0%), Tunesië (4,0%), Algerije (3,9%), Marokko (2,8%) en Libië (0,44%).

de jaren 2000

De overheidsuitgaven van Noord-Afrika bedroeg in de jaren 2000 US$52,0 miljard per jaar. Het aandeel in de wereld was 0,67%, en 34,8% in Afrika.

Het aandeel van de overheidsuitgaven in het BBP van Noord-Afrika was 13,5% in de jaren 2000, en was vergelijkbaar met Oost-Afrika (13,4%), Afrika (13,4%), Algerije (13,4%).

De overheidsuitgaven per hoofd in Noord-Afrika was $273,2 in de jaren 2000s, en was vergelijkbaar met China (US$273,3), Albanië (US$269,4). De overheidsuitgaven per hoofd in Noord-Afrika was in 4,4 keer lager dan de overheidsuitgaven per hoofd van de bevolking in de wereld ($1.200,9), en was 65,7% hoger dan de overheidsuitgaven per hoofd van de bevolking in Afrika ($1.200,9).

De groei van de overheidsuitgaven in Noord-Afrika bedroeg 3.6% in de jaren 2000, en was vergelijkbaar met Mauritius (3,6%), IJsland (3,6%). De groei van de overheidsuitgaven in Noord-Afrika (3,6%) was groter dan de groei van de overheidsuitgaven in de wereld (3,1%), was minder dan de groei van de overheidsuitgaven in Afrika (5,0%).

Vergelijking met subregio's. De overheidsuitgaven van Noord-Afrika was groter dan in Zuidelijk Afrika (US$45,2 miljard), in West-Afrika (US$22,2 miljard), in Oost-Afrika (US$16,4 miljard) en in Centraal-Afrika (US$13,7 miljard). De overheidsuitgaven per hoofd in Noord-Afrika was in Noord-Afrika groter dan in Centraal-Afrika (US$123,1), in West-Afrika (US$83,5) en in Oost-Afrika (US$57,6); maar minder dan in Zuidelijk Afrika (US$830,5). De groei van de overheidsuitgaven in Noord-Afrika was groter dan in Centraal-Afrika (2,0%); maar minder dan in West-Afrika (12,3%), in Oost-Afrika (5,2%) en in Zuidelijk Afrika (4,5%).

Leiders. De overheidsuitgaven van Noord-Afrika in de jaren 2000 bestond uit: Algerije (25,3%), Egypte (24,1%), Marokko (21,5%), Libië (14,2%), Tunesië (10,3%), en andere (4,6%). Het aandeel van de overheidsuitgaven in BBP van de leiders: Marokko (17,7%), Tunesië (16,7%), Libië (15,4%), Algerije (13,4%) en Egypte (11,3%). De overheidsuitgaven per hoofd in Noord-Afrika onder de leiders: Libië ($1.287,0), Tunesië ($529,0), Algerije ($398,2), Marokko ($367,9) en Egypte ($167,6). De groei van de overheidsuitgaven onder de leiders: Tunesië (5,6%), Algerije (4,3%), Marokko (4,1%), Egypte (3,9%) en Libië (2,2%).

de jaren 2010

De overheidsuitgaven van Noord-Afrika bedroeg in de jaren 2010 US$115,2 miljard per jaar. Het aandeel in de wereld was 0,88%, en 35,1% in Afrika.

Het aandeel van de overheidsuitgaven in het BBP van Noord-Afrika was 16,2% in de jaren 2010, en was vergelijkbaar met de Caraïben (16,1%), Anguilla (16,2%), Angola (16,2%).

De overheidsuitgaven per hoofd in Noord-Afrika was $520,4 in de jaren 2010s, en was vergelijkbaar met Djibouti (US$519,0), Bhutan (US$513,1). De overheidsuitgaven per hoofd in Noord-Afrika was in 3,4 keer lager dan de overheidsuitgaven per hoofd van de bevolking in de wereld ($1.785,1), en was 85,2% hoger dan de overheidsuitgaven per hoofd van de bevolking in Afrika ($1.785,1).

De groei van de overheidsuitgaven in Noord-Afrika bedroeg 2.7% in de jaren 2010, en was vergelijkbaar met de Cookeilanden (2,7%). De groei van de overheidsuitgaven in Noord-Afrika (2,7%) was groter dan de groei van de overheidsuitgaven in de wereld (2,3%), was minder dan de groei van de overheidsuitgaven in Afrika (3,0%).

Vergelijking met subregio's. De overheidsuitgaven van Noord-Afrika was 40,5% groter dan in Zuidelijk Afrika (US$82,0 miljard), 2,1 keer groter dan in West-Afrika (US$55,4 miljard), 2,8 keer groter dan in Oost-Afrika (US$41,3 miljard) en 3,3 keer groter dan in Centraal-Afrika (US$34,5 miljard). De overheidsuitgaven per hoofd in Noord-Afrika was in Noord-Afrika2,3 keer groter dan in Centraal-Afrika (US$226,6), 3,3 keer groter dan in West-Afrika (US$159,2) en 4,8 keer groter dan in Oost-Afrika (US$107,4); maar 2,5 keer minder dan in Zuidelijk Afrika (US$1.311,7). De groei van de overheidsuitgaven in Noord-Afrika was groter dan in West-Afrika (2,3%), in Centraal-Afrika (2,3%) en in Zuidelijk Afrika (2,1%); maar minder dan in Oost-Afrika (7,4%).

Leiders. De overheidsuitgaven van Noord-Afrika in de jaren 2010 bestond uit: Algerije (30,8%), Egypte (24,4%), Marokko (17,7%), Libië (16,0%), Tunesië (7,2%), en andere (4,0%). Het aandeel van de overheidsuitgaven in BBP van de leiders: Libië (41,1%), Algerije (19,3%), Marokko (19,2%), Tunesië (19,1%) en Egypte (10,6%). De overheidsuitgaven per hoofd in Noord-Afrika onder de leiders: Libië ($2.858,3), Algerije ($899,9), Tunesië ($740,4), Marokko ($593,5) en Egypte ($307,0). De groei van de overheidsuitgaven onder de leiders: Marokko (5,1%), Algerije (3,1%), Tunesië (3,0%), Egypte (1,9%) en Libië (-2,3%).

Hoofdstuk XIII. Huishoudelijke uitgaven

Consumptieve bestedingen van de huishoudens

De huishoudelijke uitgaven van Noord-Afrika steeg van US$31,5 miljard per jaar in de jaren 1970 tot US$449,1 miljard per jaar in de jaren 2010, dat wil zeggen met US$417,6 miljard of 14,3 keer. De verandering vond plaats op US$277,8 miljard als gevolg van een 2,6-voudige stijging van de prijzen, en ook op US$99,0 miljard als gevolg van een 2,4-voudige toename van het tarief per hoofd , evenals op US$40,8 miljard als gevolg van de toename van de bevolking. De gemiddelde jaarlijkse groei van de huishoudelijke uitgaven is 4,4%. De minimumwaarde van de huishoudelijke uitgaven bedroeg US$14,8 miljard in 1970. De maximumwaarde van de huishoudelijke uitgaven bedroeg US$510,8 miljard in 2014.

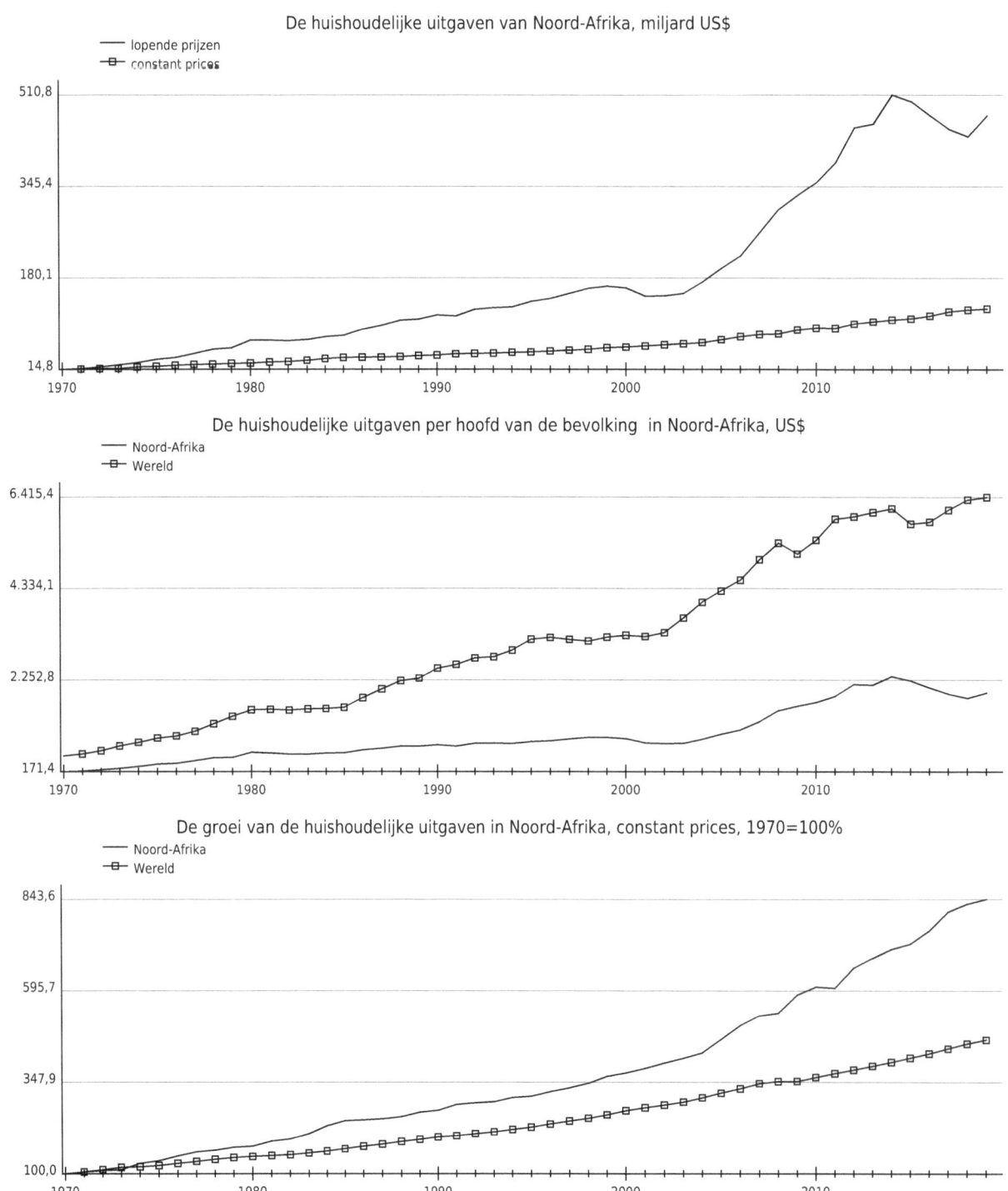

De huishoudelijke uitgaven van Noord-Afrika, miljard US$

De huishoudelijke uitgaven per hoofd van de bevolking in Noord-Afrika, US$

De groei van de huishoudelijke uitgaven in Noord-Afrika, constant prices, 1970=100%

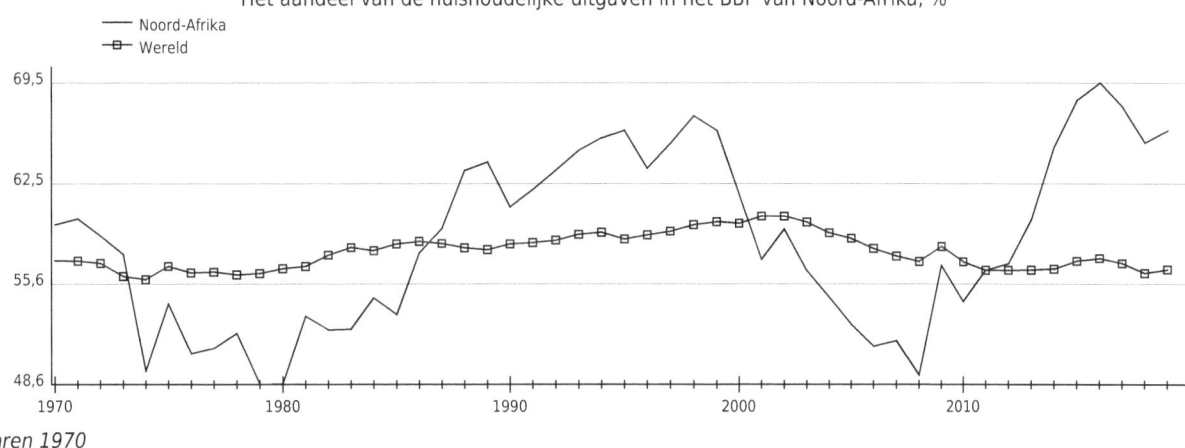

Het aandeel van de huishoudelijke uitgaven in het BBP van Noord-Afrika, %

de jaren 1970

De huishoudelijke uitgaven van Noord-Afrika bedroeg in de jaren 1970 US$31,5 miljard per jaar, en was vergelijkbaar met Polen (US$30,8 miljard). Het aandeel in de wereld was 0,85%, en 28,3% in Afrika.

Het aandeel van de huishoudelijke uitgaven in het BBP van Noord-Afrika was 52,5% in de jaren 1970, en was vergelijkbaar met de Nederland (52,4%), België (52,7%), Nieuw-Caledonië (52,9%).

De huishoudelijke uitgaven per hoofd in Noord-Afrika was $326,5 in de jaren 1970s, en was vergelijkbaar met de Seychellen (US$325,5), Grenada (US$333,2). De huishoudelijke uitgaven per hoofd in Noord-Afrika was in 2,8 keer lager dan de huishoudelijke uitgaven per hoofd van de bevolking in de wereld ($914,8), en was 20,5% hoger dan de huishoudelijke uitgaven per hoofd van de bevolking in Afrika ($914,8).

De groei van de huishoudelijke uitgaven in Noord-Afrika bedroeg 6.2% in de jaren 1970. De groei van de huishoudelijke uitgaven in Noord-Afrika (6,2%) was groter dan de groei van de huishoudelijke uitgaven in de wereld (4,1%), was groter dan de groei van de huishoudelijke uitgaven in Afrika (4,1%).

Vergelijking met subregio's. De huishoudelijke uitgaven van Noord-Afrika was groter dan in Oost-Afrika (US$23,8 miljard), in West-Afrika (US$22,8 miljard), in Zuidelijk Afrika (US$20,5 miljard) en in Centraal-Afrika (US$12,6 miljard). De huishoudelijke uitgaven per hoofd in Noord-Afrika was in Noord-Afrika groter dan in Centraal-Afrika (US$276,6), in Oost-Afrika (US$197,3) en in West-Afrika (US$191,4); maar minder dan in Zuidelijk Afrika (US$725,1). De groei van de huishoudelijke uitgaven in Noord-Afrika was groter dan in West-Afrika (4,2%), in Zuidelijk Afrika (3,5%), in Oost-Afrika (2,9%) en in Centraal-Afrika (1,4%).

Leiders. De huishoudelijke uitgaven van Noord-Afrika in de jaren 1970 bestond uit: Egypte (26,3%), Algerije (24,5%), Marokko (20,2%), Libië (12,4%), Tunesië (8,6%), en andere (7,8%). Het aandeel van de huishoudelijke uitgaven in BBP van de leiders: Tunesië (63,8%), Marokko (63,2%), Egypte (62,5%), Algerije (50,2%) en Libië (28,4%). De huishoudelijke uitgaven per hoofd in Noord-Afrika onder de leiders: Libië ($1.506,9), Tunesië ($483,9), Algerije ($469,7), Marokko ($361,1) en Egypte ($217,1). De groei van de huishoudelijke uitgaven onder de leiders: Libië (8,7%), Algerije (8,5%), Tunesië (7,8%), Egypte (4,6%) en Marokko (4,1%).

de jaren 1980

De huishoudelijke uitgaven van Noord-Afrika bedroeg in de jaren 1980 US$80,8 miljard per jaar. Het aandeel in de wereld was 0,92%, en 30,0% in Afrika.

Het aandeel van de huishoudelijke uitgaven in het BBP van Noord-Afrika was 56,3% in de jaren 1980, en was vergelijkbaar met Papoea-Nieuw-Guinea (56,3%), Oceanië (56,2%), Australazië (56,2%).

De huishoudelijke uitgaven per hoofd in Noord-Afrika was $640,4 in de jaren 1980s, en was vergelijkbaar met de Comoren (US$642,1), Sao Tomé en Principe (US$644,4), Zimbabwe (US$648,1). De huishoudelijke uitgaven per hoofd in Noord-Afrika was in 2,8 keer lager dan de huishoudelijke uitgaven per hoofd van de bevolking in de wereld ($1.808,0), en was 28,6% hoger dan de huishoudelijke uitgaven per hoofd van de bevolking in Afrika ($1.808,0).

De groei van de huishoudelijke uitgaven in Noord-Afrika bedroeg 4.5% in de jaren 1980, en was vergelijkbaar met Frans-Polynesië (4,5%), Tunesië (4,5%), Nauru (4,6%). De groei van de huishoudelijke uitgaven in Noord-Afrika (4,5%) was groter dan de groei van de huishoudelijke uitgaven in de wereld (3,0%), was groter dan de groei van de huishoudelijke uitgaven in Afrika (2,3%).

Vergelijking met subregio's. De huishoudelijke uitgaven van Noord-Afrika was groter dan in West-Afrika (US$72,0 miljard), in Zuidelijk Afrika (US$48,5 miljard), in Oost-Afrika (US$45,7 miljard) en in Centraal-Afrika (US$22,7 miljard). De huishoudelijke uitgaven per hoofd in Noord-Afrika was in Noord-Afrika groter dan in West-Afrika (US$460,7), in Centraal-Afrika (US$376,3) en in Oost-Afrika (US$281,2); maar minder dan in Zuidelijk Afrika (US$1.323,0). De groei van de huishoudelijke uitgaven in Noord-Afrika was groter dan in Zuidelijk Afrika (3,4%), in Centraal-Afrika (3,1%), in Oost-Afrika (3,0%) en in West-Afrika (-0,82%).

Leiders. De huishoudelijke uitgaven van Noord-Afrika in de jaren 1980 bestond uit: Algerije (33,5%), Egypte (19,1%), Libië (15,8%), Marokko (15,3%), Soedan (8,6%), en andere (7,6%). Het aandeel van de huishoudelijke uitgaven in BBP van de leiders: Soedan (84,5%), Egypte (67,7%), Marokko (62,0%), Algerije (50,9%) en Libië (43,5%). De huishoudelijke uitgaven per hoofd in Noord-Afrika onder de leiders: Libië ($3.375,6), Algerije ($1.224,8), Marokko ($555,7), Egypte ($316,9) en Soedan ($315,3). De groei van de huishoudelijke uitgaven onder de leiders: Egypte (7,8%), Marokko (4,1%), Algerije (3,3%), Soedan (2,3%) en Libië (-2,2%).

de jaren 1990

De huishoudelijke uitgaven van Noord-Afrika bedroeg in de jaren 1990 US$136,0 miljard per jaar. Het aandeel in de wereld was 0,81%, en 36,0% in Afrika.

Het aandeel van de huishoudelijke uitgaven in het BBP van Noord-Afrika was 64,7% in de jaren 1990, en was vergelijkbaar met Turkije (64,7%), de Verenigde Staten (64,7%), Portugal (64,8%).

De huishoudelijke uitgaven per hoofd in Noord-Afrika was $851,7 in de jaren 1990s, en was vergelijkbaar met Marokko (US$847,6), de Comoren (US$864,3). De huishoudelijke uitgaven per hoofd in Noord-Afrika was in 3,5 keer lager dan de huishoudelijke uitgaven per hoofd van de bevolking in de wereld ($2.963,9), en was 59,9% hoger dan de huishoudelijke uitgaven per hoofd van de bevolking in Afrika ($2.963,9).

De groei van de huishoudelijke uitgaven in Noord-Afrika bedroeg 3.2% in de jaren 1990, en was vergelijkbaar met Mozambique (3,1%). De groei van de huishoudelijke uitgaven in Noord-Afrika (3,2%) was groter dan de groei van de huishoudelijke uitgaven in de wereld (3,0%), was groter dan de groei van de huishoudelijke uitgaven in Afrika (2,6%).

Vergelijking met subregio's. De huishoudelijke uitgaven van Noord-Afrika was groter dan in Zuidelijk Afrika (US$91,2 miljard), in West-Afrika (US$69,6 miljard), in Oost-Afrika (US$52,5 miljard) en in Centraal-Afrika (US$28,1 miljard). De huishoudelijke uitgaven per hoofd in Noord-Afrika was in Noord-Afrika groter dan in Centraal-Afrika (US$341,9), in West-Afrika (US$341,8) en in Oost-Afrika (US$242,8); maar minder dan in Zuidelijk Afrika (US$1.953,8). De groei van de huishoudelijke uitgaven in Noord-Afrika was groter dan in West-Afrika (3,1%), in Oost-Afrika (2,9%), in Zuidelijk Afrika (2,5%) en in Centraal-Afrika (-1,2%).

Leiders. De huishoudelijke uitgaven van Noord-Afrika in de jaren 1990 bestond uit: Egypte (35,0%), Algerije (19,0%), Marokko (16,7%), Libië (13,8%), Tunesië (8,5%), en andere (7,0%). Het aandeel van de huishoudelijke uitgaven in BBP van de leiders: Egypte (75,8%), Tunesië (62,7%), Marokko (61,5%), Libië (58,1%) en Algerije (53,5%). De huishoudelijke uitgaven per hoofd in Noord-Afrika onder de leiders: Libië ($3.831,4), Tunesië ($1.288,0), Algerije ($912,5), Marokko ($847,6) en Egypte ($770,9). De groei van de huishoudelijke uitgaven onder de leiders: Tunesië (4,4%), Egypte (4,0%), Marokko (2,7%), Libië (2,6%) en Algerije (-0,72%).

de jaren 2000

De huishoudelijke uitgaven van Noord-Afrika bedroeg in de jaren 2000 US$209,4 miljard per jaar, en was vergelijkbaar met Indonesië (US$209,7 miljard). Het aandeel in de wereld was 0,77%, en 31,4% in Afrika.

Het aandeel van de huishoudelijke uitgaven in het BBP van Noord-Afrika was 54,2% in de jaren 2000, en was vergelijkbaar met Cuba (54,2%), Hongarije (54,3%), Frankrijk (54,3%).

De huishoudelijke uitgaven per hoofd in Noord-Afrika was $1.099,8 in de jaren 2000s, en was vergelijkbaar met Egypte (US$1.096,4), Sri Lanka (US$1.092,8), Kiribati (US$1.110,6). De huishoudelijke uitgaven per hoofd in Noord-Afrika was in 3,8 keer lager dan de huishoudelijke uitgaven per hoofd van de bevolking in de wereld ($4.208,2), en was 49,5% hoger dan de huishoudelijke uitgaven per hoofd van de bevolking in Afrika ($4.208,2).

De groei van de huishoudelijke uitgaven in Noord-Afrika bedroeg 4.8% in de jaren 2000, en was vergelijkbaar met Libië (4,8%), Montenegro (4,8%), Marokko (4,8%). De groei van de huishoudelijke uitgaven in Noord-Afrika (4,8%) was groter dan de groei van de huishoudelijke uitgaven in de wereld (3,0%), was minder dan de groei van de huishoudelijke uitgaven in Afrika (6,0%).

Vergelijking met subregio's. De huishoudelijke uitgaven van Noord-Afrika was groter dan in West-Afrika (US$174,5 miljard), in Zuidelijk

Afrika (US$144,6 miljard), in Oost-Afrika (US$89,6 miljard) en in Centraal-Afrika (US$49,1 miljard). De huishoudelijke uitgaven per hoofd in Noord-Afrika was in Noord-Afrika groter dan in West-Afrika (US$658,0), in Centraal-Afrika (US$442,5) en in Oost-Afrika (US$313,8); maar minder dan in Zuidelijk Afrika (US$2,7 duizend). De groei van de huishoudelijke uitgaven in Noord-Afrika was groter dan in Zuidelijk Afrika (4,1%); maar minder dan in West-Afrika (8,3%), in Oost-Afrika (5,9%) en in Centraal-Afrika (5,3%).

Leiders. De huishoudelijke uitgaven van Noord-Afrika in de jaren 2000 bestond uit: Egypte (39,2%), Marokko (17,3%), Algerije (16,7%), Soedan (13,0%), Tunesië (9,4%), en andere (4,3%). Het aandeel van de huishoudelijke uitgaven in BBP van de leiders: Soedan (75,8%), Egypte (73,8%), Tunesië (61,8%), Marokko (57,6%) en Algerije (35,6%). De huishoudelijke uitgaven per hoofd in Noord-Afrika onder de leiders: Tunesië ($1.955,8), Marokko ($1.195,4), Egypte ($1.096,4), Algerije ($1.059,4) en Soedan ($715,4). De groei van de huishoudelijke uitgaven onder de leiders: Soedan (6,4%), Egypte (5,0%), Marokko (4,8%), Algerije (4,8%) en Tunesië (4,7%).

de jaren 2010

De huishoudelijke uitgaven van Noord-Afrika bedroeg in de jaren 2010 US$449,1 miljard per jaar. Het aandeel in de wereld was 1,0%, en 29,7% in Afrika.

Het aandeel van de huishoudelijke uitgaven in het BBP van Noord-Afrika was 63,0% in de jaren 2010, en was vergelijkbaar met Fiji (63,0%), Oost-Timor (63,0%), Tanzania (63,1%).

De huishoudelijke uitgaven per hoofd in Noord-Afrika was $2.028,7 in de jaren 2010s, en was vergelijkbaar met de Filipijnen (US$2,1 duizend), Moldavië (US$1.998,9), Indonesië (US$2,1 duizend). De huishoudelijke uitgaven per hoofd in Noord-Afrika was in 3,0 keer lager dan de huishoudelijke uitgaven per hoofd van de bevolking in de wereld ($6.018,5), en was 56,9% hoger dan de huishoudelijke uitgaven per hoofd van de bevolking in Afrika ($6.018,5).

De groei van de huishoudelijke uitgaven in Noord-Afrika bedroeg 3.7% in de jaren 2010, en was vergelijkbaar met Malawi (3,7%), Georgië (3,8%), Armenië (3,8%). De groei van de huishoudelijke uitgaven in Noord-Afrika (3,7%) was groter dan de groei van de huishoudelijke uitgaven in de wereld (2,8%), was groter dan de groei van de huishoudelijke uitgaven in Afrika (3,3%).

Vergelijking met subregio's. De huishoudelijke uitgaven van Noord-Afrika was 90,2% groter dan in Zuidelijk Afrika (US$236,2 miljard), 98,0% groter dan in Oost-Afrika (US$226,8 miljard) en 3,5 keer groter dan in Centraal-Afrika (US$127,0 miljard); maar 4,7% minder dan in West-Afrika (US$471,3 miljard). De huishoudelijke uitgaven per hoofd in Noord-Afrika was in Noord-Afrika49,8% groter dan in West-Afrika (US$1.354,7), 2,4 keer groter dan in Centraal-Afrika (US$834,3) en 3,4 keer groter dan in Oost-Afrika (US$590,4); maar 46,3% minder dan in Zuidelijk Afrika (US$3,8 duizend). De groei van de huishoudelijke uitgaven in Noord-Afrika was groter dan in Zuidelijk Afrika (2,4%) en in West-Afrika (2,0%); maar minder dan in Oost-Afrika (5,4%) en in Centraal-Afrika (4,4%).

Leiders. De huishoudelijke uitgaven van Noord-Afrika in de jaren 2010 bestond uit: Egypte (48,0%), Algerije (15,4%), Marokko (13,9%), Soedan (13,3%), Tunesië (6,7%), en andere (2,7%). Het aandeel van de huishoudelijke uitgaven in BBP van de leiders: Soedan (84,5%), Egypte (81,6%), Tunesië (69,2%), Marokko (58,8%) en Algerije (37,7%). De huishoudelijke uitgaven per hoofd in Noord-Afrika onder de leiders: Tunesië ($2.682,8), Egypte ($2.358,9), Marokko ($1.813,5), Algerije ($1.755,7) en Soedan ($1.548,8). De groei van de huishoudelijke uitgaven onder de leiders: Egypte (4,4%), Marokko (4,2%), Algerije (4,0%), Tunesië (3,3%) en Soedan (2,2%).

Hoofdstuk XIV. Voedsel consumptie

Tijdens de onderzoeksperiode groeide de voedselconsumptie in noten (in 4,4 keer), vis (in 4,1 keer), zetmeelrijke wortels (in 2,7 keer), eieren (in 2,6 keer), fruit (in 2,4 keer), vlees (in 2,2 keer), melk (in 2,1 keer), stimulerende middelen (met 96,6%), groenten (met 89,4%), specerijen (met 57,4%), suiker (met 44,9%), granen (met 24,0%), peulvruchten (met 21,4%), alcoholische dranken (met 7,6%), plantaardige oliën (met 1,2%).

Dit zijn de correlatiecoëfficiënten tussen het bni per hoofd van de bevolking in constante prijzen en de voedselconsumptie: vis (0.999), fruit (0.998), vlees (0.998), groenten (0.993), noten (0.989), zetmeelrijke wortels (0.988), melk (0.98), stimulerende middelen (0.972), eieren (0.958), specerijen (0.934), peulvruchten (0.897), suiker (0.815), alcoholische dranken (0.748), granen (0.737), plantaardige oliën (-0.43).

de jaren 1970

De consumptie van kcal in Noord-Afrika was 2.322,9 kcal/hoofd/dag in the 1970s, and was on a par with Kenia (2.326,5 kcal/hoofd/dag), Pakistan (2.310,4 kcal/hoofd/dag), Zambia (2.304,5 kcal/hoofd/dag). De consumptie van kcal in Noord-Afrika was minder dan in de wereld (2.403,2 kcal/hoofd/dag), en was groter dan in Afrika (2.120,4 kcal/hoofd/dag). De structuur van de consumptie: granen (61.7%), plantaardige oliën (9.5%), suiker (9%), melk (3.4%), fruit (2.9%), en anderen (13.5%).

De consumptie van eiwitten in Noord-Afrika was 61,6 g/hoofd/dag in the 1970s, and was on a par with Venezuela (61,6 g/hoofd/dag), Belize (61,7 g/hoofd/dag), Madagaskar (61,4 g/hoofd/dag). De consumptie van eiwitten in Noord-Afrika was minder dan in de wereld (65,0 g/hoofd/dag), en was groter dan in Afrika (54,9 g/hoofd/dag). De structuur van de consumptie: granen (66.1%), vlees (7.8%), melk (7.1%), peulvruchten (6.5%), groenten (4%), en anderen (8.5%).

De consumptie van vet in Noord-Afrika was 52,2 g/hoofd/dag in the 1970s, and was on a par with Egypte (52,2 g/hoofd/dag), Jordanië (52,3 g/hoofd/dag), Mauritanië (51,9 g/hoofd/dag). De consumptie van vet in Noord-Afrika was minder dan in de wereld (55,1 g/hoofd/dag), en was groter dan in Afrika (43,8 g/hoofd/dag). De structuur van de consumptie: plantaardige oliën (47.9%), granen (17.7%), vlees (8.8%), melk (8.3%), eieren (0.8%), en anderen (16.5%).

Dit zijn niveaus van voedselconsumptie: granen (174,0 kg/hoofd/jr), groenten (84,2 kg/hoofd/jr), melk (47,7 kg/hoofd/jr), fruit (38,2 kg/hoofd/jr), suiker (21,4 kg/hoofd/jr), zetmeelrijke wortels (15,1 kg/hoofd/jr), vlees (12,6 kg/hoofd/jr), plantaardige oliën (9,1 kg/hoofd/jr), alcoholische dranken (6,2 kg/hoofd/jr), peulvruchten (6,0 kg/hoofd/jr), vis (3,2 kg/hoofd/jr), eieren (1,7 kg/hoofd/jr), stimulerende middelen (1,3 kg/hoofd/jr), specerijen (0,72 kg/hoofd/jr), noten (0,34 kg/hoofd/jr).

de jaren 1980

De consumptie van kcal in Noord-Afrika was 2.742,5 kcal/hoofd/dag in the 1980s, and was on a par with Iran (2.736,5 kcal/hoofd/dag), Frans-Polynesië (2.751,3 kcal/hoofd/dag). De consumptie van kcal in Noord-Afrika was groter dan in de wereld (2.572,3 kcal/hoofd/dag), en was groter dan in Afrika (2.241,9 kcal/hoofd/dag). De structuur van de consumptie: granen (60.1%), suiker (10.1%), plantaardige oliën (9.3%), melk (3.9%), vlees (2.8%), en anderen (13.8%).

De consumptie van eiwitten in Noord-Afrika was 73,4 g/hoofd/dag in the 1980s, and was on a par with Iran (73,4 g/hoofd/dag), Antigua en Barbuda (73,4 g/hoofd/dag), Zuid-Afrika (73,8 g/hoofd/dag). De consumptie van eiwitten in Noord-Afrika was groter dan in de wereld (69,1 g/hoofd/dag), en was groter dan in Afrika (57,5 g/hoofd/dag). De structuur van de consumptie: granen (64.4%), melk (8.3%), vlees (8.2%), peulvruchten (5.9%), groenten (3.9%), en anderen (9.3%).

De consumptie van vet in Noord-Afrika was 61,9 g/hoofd/dag in the 1980s, and was on a par with Costa Rica (62,0 g/hoofd/dag), Algerije (61,9 g/hoofd/dag), Saint Lucia (61,8 g/hoofd/dag). De consumptie van vet in Noord-Afrika was minder dan in de wereld (63,2 g/hoofd/dag), en was groter dan in Afrika (46,6 g/hoofd/dag). De structuur van de consumptie: plantaardige oliën (46.5%), granen (16.6%), melk (9.3%), vlees (9%), eieren (1.1%), en anderen (17.5%).

Dit zijn niveaus van voedselconsumptie: granen (201,3 kg/hoofd/jr), groenten (99,5 kg/hoofd/jr), melk (64,1 kg/hoofd/jr), fruit (45,1 kg/hoofd/jr), suiker (28,5 kg/hoofd/jr), zetmeelrijke wortels (21,8 kg/hoofd/jr), vlees (15,9 kg/hoofd/jr), plantaardige oliën (10,5 kg/hoofd/jr), peulvruchten (6,5 kg/hoofd/jr), alcoholische dranken (6,2 kg/hoofd/jr), vis (5,3 kg/hoofd/jr), eieren (2,8 kg/hoofd/jr), stimulerende middelen (1,6 kg/hoofd/jr), specerijen (0,76 kg/hoofd/jr), noten (0,71 kg/hoofd/jr).

de jaren 1990

De consumptie van kcal in Noord-Afrika was 2.910,8 kcal/hoofd/dag in the 1990s, and was on a par with Dominica (2.907,8 kcal/hoofd/dag), Bulgarije (2.903,3 kcal/hoofd/dag), Japan (2.929,6 kcal/hoofd/dag). De consumptie van kcal in Noord-Afrika was groter dan in de wereld (2.652,6 kcal/hoofd/dag), en was groter dan in Afrika (2.365,6 kcal/hoofd/dag). De structuur van de consumptie: granen (61.9%), suiker (9%), plantaardige oliën (8%), melk (4%), fruit (3.2%), en anderen (13.9%).

De consumptie van eiwitten in Noord-Afrika was 80,9 g/hoofd/dag in the 1990s, and was on a par with Polynesië (81,0 g/hoofd/dag), Kirgizië (81,0 g/hoofd/dag), Bosnië en Herzegovina (80,8 g/hoofd/dag). De consumptie van eiwitten in Noord-Afrika was groter dan in de wereld (72,1 g/hoofd/dag), en was groter dan in Afrika (60,1 g/hoofd/dag). De structuur van de consumptie: granen (63.3%), vlees (8.7%), melk (8.3%), peulvruchten (5.7%), groenten (4%), en anderen (10%).

De consumptie van vet in Noord-Afrika was 61,5 g/hoofd/dag in the 1990s, and was on a par with China (61,7 g/hoofd/dag), Pakistan (61,9 g/hoofd/dag), Honduras (61,0 g/hoofd/dag). De consumptie van vet in Noord-Afrika was minder dan in de wereld (69,0 g/hoofd/dag), en was groter dan in Afrika (48,6 g/hoofd/dag). De structuur van de consumptie: plantaardige oliën (42.9%), granen (18.2%), melk (10.8%), vlees (10.1%), eieren (1.2%), en anderen (16.8%).

Dit zijn niveaus van voedselconsumptie: granen (218,3 kg/hoofd/jr), groenten (109,8 kg/hoofd/jr), melk (70,8 kg/hoofd/jr), fruit (58,6 kg/hoofd/jr), suiker (26,8 kg/hoofd/jr), zetmeelrijke wortels (23,6 kg/hoofd/jr), vlees (18,7 kg/hoofd/jr), plantaardige oliën (9,7 kg/hoofd/jr), peulvruchten (6,9 kg/hoofd/jr), alcoholische dranken (6,7 kg/hoofd/jr), vis (6,6 kg/hoofd/jr), eieren (3,0 kg/hoofd/jr), stimulerende middelen (1,8 kg/hoofd/jr), noten (0,81 kg/hoofd/jr), specerijen (0,79 kg/hoofd/jr).

de jaren 2000

De consumptie van kcal in Noord-Afrika was 3.054,7 kcal/hoofd/dag in the 2000s, and was on a par with Brazilië (3.047,2 kcal/hoofd/dag), Letland (3.065,7 kcal/hoofd/dag), Zuidwest-Azië (3.042,3 kcal/hoofd/dag). De consumptie van kcal in Noord-Afrika was groter dan in de wereld (2.765,9 kcal/hoofd/dag), en was groter dan in Afrika (2.509,9 kcal/hoofd/dag). De structuur van de consumptie: granen (58.2%), suiker (9.2%), plantaardige oliën (6.8%), melk (5.3%), fruit (4.2%), en anderen (16.3%).

De consumptie van eiwitten in Noord-Afrika was 87,7 g/hoofd/dag in the 2000s, and was on a par with Turkmenistan (87,8 g/hoofd/dag), Mexico (87,5 g/hoofd/dag), Oost-Azië (87,2 g/hoofd/dag). De consumptie van eiwitten in Noord-Afrika was groter dan in de wereld (76,5 g/hoofd/dag), en was groter dan in Afrika (65,1 g/hoofd/dag). De structuur van de consumptie: granen (57.3%), melk (10.2%), vlees (9.9%), peulvruchten (5.7%), groenten (4.9%), en anderen (12%).

De consumptie van vet in Noord-Afrika was 64,5 g/hoofd/dag in the 2000s, and was on a par with Azië (64,4 g/hoofd/dag), Oezbekistan (64,9 g/hoofd/dag). De consumptie van vet in Noord-Afrika was minder dan in de wereld (76,9 g/hoofd/dag), en was groter dan in Afrika (52,8 g/hoofd/dag). De structuur van de consumptie: plantaardige oliën (36.6%), granen (17.5%), melk (14.8%), vlees (11.7%), noten (1.4%), en anderen (18%).

Dit zijn niveaus van voedselconsumptie: granen (214,5 kg/hoofd/jr), groenten (145,8 kg/hoofd/jr), melk (93,7 kg/hoofd/jr), fruit (77,2 kg/hoofd/jr), zetmeelrijke wortels (30,7 kg/hoofd/jr), suiker (28,8 kg/hoofd/jr), vlees (23,2 kg/hoofd/jr), vis (10,0 kg/hoofd/jr), plantaardige oliën (8,7 kg/hoofd/jr), peulvruchten (7,5 kg/hoofd/jr), alcoholische dranken (7,0 kg/hoofd/jr), eieren (3,5 kg/hoofd/jr), stimulerende middelen (2,0 kg/hoofd/jr), noten (1,2 kg/hoofd/jr), specerijen (0,87 kg/hoofd/jr).

de jaren 2010

De consumptie van kcal in Noord-Afrika was 3.196,8 kcal/hoofd/dag in the 2010s, and was on a par with Kazachstan (3.200,3 kcal/hoofd/dag), Oceanië (3.193,3 kcal/hoofd/dag), Saoedi-Arabië (3.187,8 kcal/hoofd/dag). De consumptie van kcal in Noord-Afrika was groter dan in de wereld (2.869,3 kcal/hoofd/dag), en was groter dan in Afrika (2.612,5 kcal/hoofd/dag). De structuur van de consumptie: granen (55.9%), suiker (9.5%), plantaardige oliën (7%), melk (5.3%), fruit (4.8%), en anderen (17.5%).

De consumptie van eiwitten in Noord-Afrika was 93,0 g/hoofd/dag in the 2010s, and was on a par with Amerika (92,7 g/hoofd/dag), Brazilië (93,7 g/hoofd/dag), Nieuw-Zeeland (93,7 g/hoofd/dag). De consumptie van eiwitten in Noord-Afrika was groter dan in de wereld (80,6 g/hoofd/dag), en was groter dan in Afrika (69,0 g/hoofd/dag). De structuur van de consumptie: granen (54.3%), vlees (10.9%), melk (10.3%), groenten (5.2%), peulvruchten (5.1%), en anderen (14.2%).

De consumptie van vet in Noord-Afrika was 68,8 g/hoofd/dag in the 2010s, and was on a par with Georgië (68,6 g/hoofd/dag), Kaapverdië (69,3 g/hoofd/dag), Soedan (69,3 g/hoofd/dag). De consumptie van vet in Noord-Afrika was minder dan in de wereld (82,4 g/hoofd/dag), en was groter dan in Afrika (54,7 g/hoofd/dag). De structuur van de consumptie: plantaardige oliën (36.6%), granen

(16.4%), melk (14.3%), vlees (12.5%), eieren (1.6%), en anderen (18.6%).

Dit zijn niveaus van voedselconsumptie: granen (215,7 kg/hoofd/jr), groenten (159,5 kg/hoofd/jr), melk (100,0 kg/hoofd/jr), fruit (92,5 kg/hoofd/jr), zetmeelrijke wortels (40,8 kg/hoofd/jr), suiker (31,0 kg/hoofd/jr), vlees (27,4 kg/hoofd/jr), vis (13,2 kg/hoofd/jr), plantaardige oliën (9,2 kg/hoofd/jr), peulvruchten (7,3 kg/hoofd/jr), alcoholische dranken (6,7 kg/hoofd/jr), eieren (4,4 kg/hoofd/jr), stimulerende middelen (2,5 kg/hoofd/jr), noten (1,5 kg/hoofd/jr), specerijen (1,1 kg/hoofd/jr).

Part V. Reproductie

Index van Koesjnir, (-) consumptie - (+) reproductie

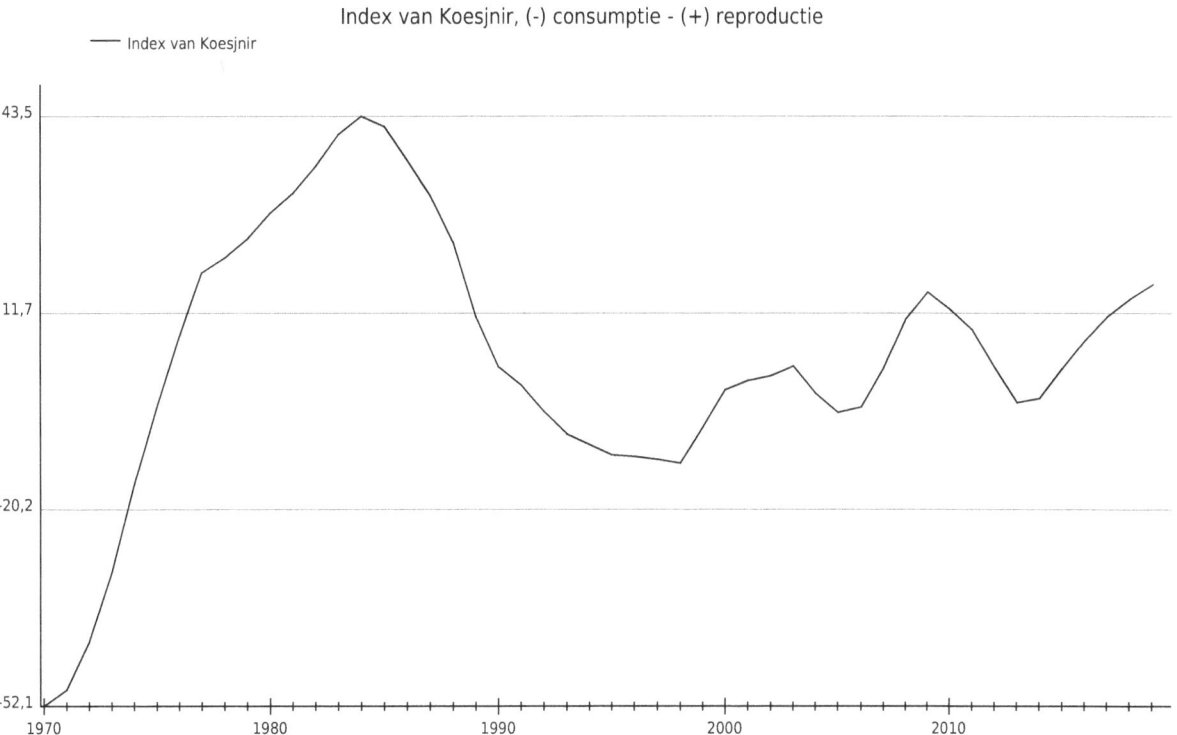

Hoofdstuk XV. Bruto-investeringen in vaste activa

De bruto-investeringen in vaste activa van Noord-Afrika steeg van US$15,9 miljard per jaar in de jaren 1970 tot US$170,8 miljard per jaar in de jaren 2010, dat wil zeggen met US$154,9 miljard of 10,7 keer. De verandering vond plaats op US$116,2 miljard als gevolg van een 3,1-voudige stijging van de prijzen, en ook op US$18,2 miljard als gevolg van een 1,5-voudige toename van het tarief per hoofd , evenals op US$20,6 miljard als gevolg van de toename van de bevolking. De gemiddelde jaarlijkse groei van de investeringen in vaste activa is 3,8%. De minimumwaarde van de investeringen in vaste activa bedroeg US$4,4 miljard in 1970. De maximumwaarde van de investeringen in vaste activa bedroeg US$181,9 miljard in 2010.

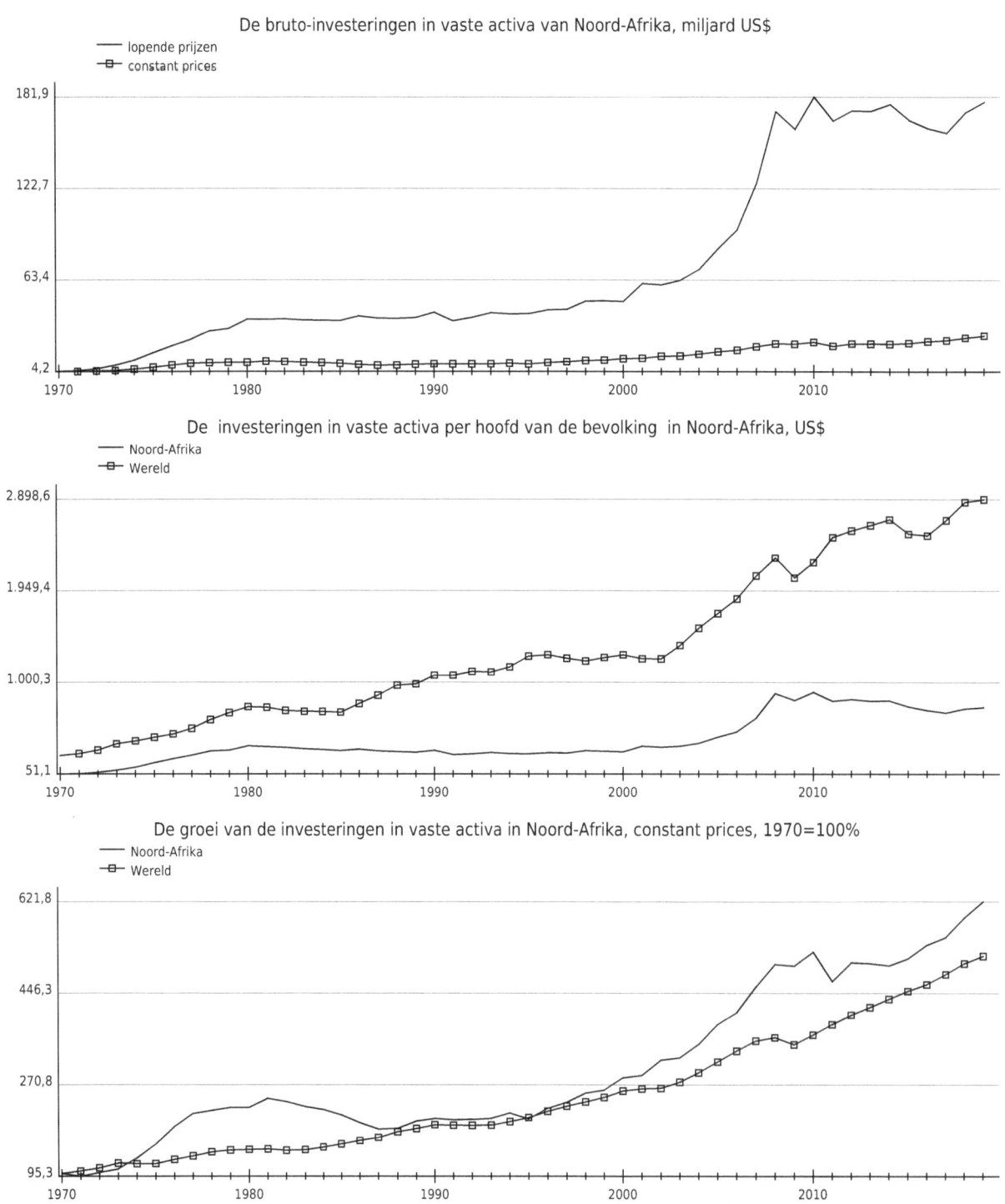

De bruto-investeringen in vaste activa van Noord-Afrika, miljard US$

De investeringen in vaste activa per hoofd van de bevolking in Noord-Afrika, US$

De groei van de investeringen in vaste activa in Noord-Afrika, constant prices, 1970=100%

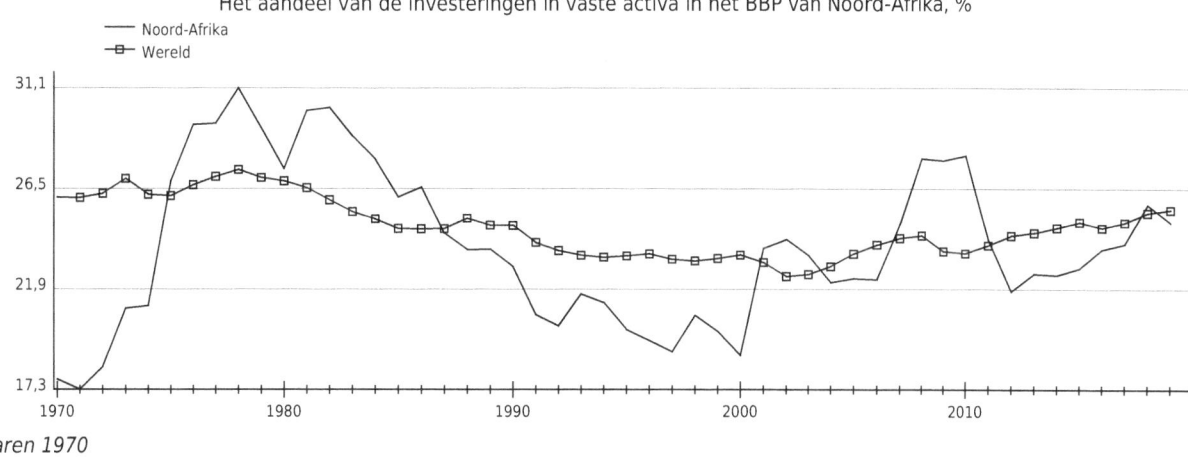

Het aandeel van de investeringen in vaste activa in het BBP van Noord-Afrika, %

de jaren 1970

De bruto-investeringen in vaste activa van Noord-Afrika bedroeg in de jaren 1970 US$15,9 miljard per jaar, en was vergelijkbaar met België (US$16,3 miljard). Het aandeel in de wereld was 0,91%, en 13,4% in Afrika.

Het aandeel van de investeringen in vaste activa in het BBP van Noord-Afrika was 26,5% in de jaren 1970, en was vergelijkbaar met Zweden (26,5%), Oceanië (26,6%), Belize (26,6%).

De investeringen in vaste activa per hoofd in Noord-Afrika was $164,8 in de jaren 1970s, en was vergelijkbaar met Micronesië (US$164,8), Ivoorkust (US$166,1), de Dominicaanse Republiek (US$163,2). De investeringen in vaste activa per hoofd in Noord-Afrika was in 2,6 keer lager dan de investeringen in vaste activa per hoofd van de bevolking in de wereld ($433,5), en was 43,1% lager dan de investeringen in vaste activa per hoofd van de bevolking in Afrika ($433,5).

De groei van de investeringen in vaste activa in Noord-Afrika bedroeg 9.5% in de jaren 1970, en was vergelijkbaar met El Salvador (9,5%), de Kaaimaneilanden (9,6%). De groei van de investeringen in vaste activa in Noord-Afrika (9,5%) was groter dan de groei van de investeringen in vaste activa in de wereld (4,2%), was groter dan de groei van de investeringen in vaste activa in Afrika (7,1%).

Vergelijking met subregio's. De bruto-investeringen in vaste activa van Noord-Afrika was groter dan in Zuidelijk Afrika (US$10,1 miljard), in Centraal-Afrika (US$5,7 miljard) en in Oost-Afrika (US$5,2 miljard); maar minder dan in West-Afrika (US$82,0 miljard). De investeringen in vaste activa per hoofd in Noord-Afrika was in Noord-Afrika groter dan in Centraal-Afrika (US$126,3) en in Oost-Afrika (US$43,3); maar minder dan in West-Afrika (US$687,4) en in Zuidelijk Afrika (US$357,0). De groei van de investeringen in vaste activa in Noord-Afrika was groter dan in West-Afrika (8,5%), in Zuidelijk Afrika (3,7%), in Centraal-Afrika (2,5%) en in Oost-Afrika (-0,32%).

Leiders. De investeringen in vaste activa van Noord-Afrika in de jaren 1970 bestond uit: Algerije (38,4%), Libië (20,7%), Marokko (15,8%), Egypte (15,3%), Tunesië (6,9%), en andere (2,9%). Het aandeel van de investeringen in vaste activa in BBP van de leiders: Algerije (39,7%), Tunesië (25,8%), Marokko (24,8%), Libië (23,9%) en Egypte (18,4%). De bruto-investeringen in vaste activa per hoofd in Noord-Afrika onder de leiders: Libië ($1.267,4), Algerije ($371,3), Tunesië ($195,5), Marokko ($141,9) en Egypte ($63,8). De groei van de investeringen in vaste activa onder de leiders: Egypte (17,7%), Tunesië (10,8%), Algerije (10,4%), Marokko (8,3%) en Libië (7,8%).

de jaren 1980

De investeringen in vaste activa van Noord-Afrika bedroeg in de jaren 1980 US$38,3 miljard per jaar, en was vergelijkbaar met Zweden (US$38,2 miljard). Het aandeel in de wereld was 1,0%, en 19,5% in Afrika.

Het aandeel van de investeringen in vaste activa in het BBP van Noord-Afrika was 26,7% in de jaren 1980, en was vergelijkbaar met Bulgarije (26,8%).

De investeringen in vaste activa per hoofd in Noord-Afrika was $303,5 in de jaren 1980s, en was vergelijkbaar met Namibië (US$302,2). De investeringen in vaste activa per hoofd in Noord-Afrika was in 2,6 keer lager dan de investeringen in vaste activa per hoofd van de bevolking in de wereld ($790,9), en was 16,2% lager dan de investeringen in vaste activa per hoofd van de bevolking in Afrika ($790,9).

De groei van de investeringen in vaste activa in Noord-Afrika bedroeg -1.2% in de jaren 1980, en was vergelijkbaar met Irak (-1,2%). De groei van de investeringen in vaste activa in Noord-Afrika (-1,2%) was minder dan de groei van de investeringen in vaste activa in de wereld (2,5%), was groter dan de groei van de investeringen in vaste activa in Afrika (-3,3%).

Vergelijking met subregio's. De investeringen in vaste activa van Noord-Afrika was groter dan in Zuidelijk Afrika (US$20,8 miljard), in Centraal-Afrika (US$9,8 miljard) en in Oost-Afrika (US$8,6 miljard); maar minder dan in West-Afrika (US$118,6 miljard). De investeringen in vaste activa per hoofd in Noord-Afrika was in Noord-Afrika groter dan in Centraal-Afrika (US$162,8) en in Oost-Afrika (US$53,2); maar minder dan in West-Afrika (US$759,4) en in Zuidelijk Afrika (US$566,4). De groei van de investeringen in vaste activa in Noord-Afrika was groter dan in Centraal-Afrika (-1,3%) en in West-Afrika (-6,7%); maar minder dan in Zuidelijk Afrika (0,63%) en in Oost-Afrika (-0,67%).

Leiders. De bruto-investeringen in vaste activa van Noord-Afrika in de jaren 1980 bestond uit: Algerije (44,1%), Egypte (16,8%), Libië (16,7%), Marokko (13,0%), Tunesië (6,6%), en andere (2,9%). Het aandeel van de investeringen in vaste activa in BBP van de leiders: Algerije (31,7%), Egypte (28,1%), Tunesië (25,9%), Marokko (25,0%) en Libië (21,7%). De bruto-investeringen in vaste activa per hoofd in Noord-Afrika onder de leiders: Libië ($1.684,5), Algerije ($762,5), Tunesië ($349,8), Marokko ($224,4) en Egypte ($131,5). De groei van de investeringen in vaste activa onder de leiders: Egypte (8,3%), Marokko (2,8%), Algerije (-0,84%), Tunesië (-1,5%) en Libië (-7,3%).

de jaren 1990

De bruto-investeringen in vaste activa van Noord-Afrika bedroeg in de jaren 1990 US$43,2 miljard per jaar. Het aandeel in de wereld was 0,64%, en 35,2% in Afrika.

Het aandeel van de investeringen in vaste activa in het BBP van Noord-Afrika was 20,6% in de jaren 1990, en was vergelijkbaar met Somalië (20,7%), Oeganda (20,7%), Amerika (20,7%).

De bruto-investeringen in vaste activa per hoofd in Noord-Afrika was $270,7 in de jaren 1990s, en was vergelijkbaar met Mauritanië (US$273,4), Kiribati (US$266,8), Lesotho (US$264,4). De bruto-investeringen in vaste activa per hoofd in Noord-Afrika was in 4,4 keer lager dan de investeringen in vaste activa per hoofd van de bevolking in de wereld ($1.183,8), en was 56,3% hoger dan de investeringen in vaste activa per hoofd van de bevolking in Afrika ($1.183,8).

De groei van de investeringen in vaste activa in Noord-Afrika bedroeg 2.6% in de jaren 1990, en was vergelijkbaar met Bermuda (2,6%), Burkina Faso (2,6%), Jordanië (2,6%). De groei van de investeringen in vaste activa in Noord-Afrika (2,6%) was minder dan de groei van de investeringen in vaste activa in de wereld (2,8%), was minder dan de groei van de investeringen in vaste activa in Afrika (3,2%).

Vergelijking met subregio's. De investeringen in vaste activa van Noord-Afrika was groter dan in West-Afrika (US$34,1 miljard), in Zuidelijk Afrika (US$26,1 miljard), in Oost-Afrika (US$11,3 miljard) en in Centraal-Afrika (US$7,9 miljard). De investeringen in vaste activa per hoofd in Noord-Afrika was in Noord-Afrika groter dan in West-Afrika (US$167,7), in Centraal-Afrika (US$96,4) en in Oost-Afrika (US$52,2); maar minder dan in Zuidelijk Afrika (US$559,4). De groei van de investeringen in vaste activa in Noord-Afrika was groter dan in Zuidelijk Afrika (1,5%); maar minder dan in Centraal-Afrika (7,6%), in Oost-Afrika (3,9%) en in West-Afrika (3,0%).

Leiders. De investeringen in vaste activa van Noord-Afrika in de jaren 1990 bestond uit: Algerije (28,7%), Egypte (27,7%), Marokko (20,3%), Tunesië (10,4%), Libië (9,4%), en andere (3,4%). Het aandeel van de investeringen in vaste activa in BBP van de leiders: Algerije (25,6%), Tunesië (24,2%), Marokko (23,9%), Egypte (19,1%) en Libië (12,7%). De investeringen in vaste activa per hoofd in Noord-Afrika onder de leiders: Libië ($836,6), Tunesië ($498,1), Algerije ($437,6), Marokko ($329,1) en Egypte ($194,0). De groei van de investeringen in vaste activa onder de leiders: Egypte (6,8%), Tunesië (5,5%), Marokko (4,1%), Algerije (-0,52%) en Libië (-2,4%).

de jaren 2000

De bruto-investeringen in vaste activa van Noord-Afrika bedroeg in de jaren 2000 US$94,3 miljard per jaar. Het aandeel in de wereld was 0,86%, en 37,1% in Afrika.

Het aandeel van de investeringen in vaste activa in het BBP van Noord-Afrika was 24,4% in de jaren 2000, en was vergelijkbaar met Madagaskar (24,5%), de Dominicaanse Republiek (24,6%), Kosovo (24,2%).

De investeringen in vaste activa per hoofd in Noord-Afrika was $495,7 in de jaren 2000s, en was vergelijkbaar met Kosovo (US$505,5). De bruto-investeringen in vaste activa per hoofd in Noord-Afrika was in 3,4 keer lager dan de investeringen in vaste activa per hoofd van de bevolking in de wereld ($1.690,7), en was 76,5% hoger dan de investeringen in vaste activa per hoofd van de bevolking in Afrika ($1.690,7).

De groei van de investeringen in vaste activa in Noord-Afrika bedroeg 6.7% in de jaren 2000, en was vergelijkbaar met Togo (6,7%), Sri Lanka (6,7%), Azië (6,8%). De groei van de investeringen in vaste activa in Noord-Afrika (6,7%) was groter dan de groei van de investeringen in vaste activa in de wereld (3,5%), was groter dan de groei van de investeringen in vaste activa in Afrika (5,6%).

Vergelijking met subregio's. De bruto-investeringen in vaste activa van Noord-Afrika was groter dan in West-Afrika (US$62,5 miljard), in Zuidelijk Afrika (US$45,8 miljard), in Oost-Afrika (US$26,3 miljard) en in Centraal-Afrika (US$25,7 miljard). De investeringen in vaste activa per hoofd in Noord-Afrika was in Noord-Afrika groter dan in West-Afrika (US$235,5), in Centraal-Afrika (US$231,7) en in Oost-Afrika (US$92,0); maar minder dan in Zuidelijk Afrika (US$842,8). De groei van de investeringen in vaste activa in Noord-Afrika was groter dan in Centraal-Afrika (5,8%) en in West-Afrika (2,1%); maar minder dan in Oost-Afrika (10,1%) en in Zuidelijk Afrika (7,2%).

Leiders. De bruto-investeringen in vaste activa van Noord-Afrika in de jaren 2000 bestond uit: Algerije (27,9%), Egypte (21,8%), Marokko (19,7%), Libië (16,4%), Tunesië (7,9%), en andere (6,4%). Het aandeel van de investeringen in vaste activa in BBP van de leiders: Libië (32,1%), Marokko (29,5%), Algerije (26,7%), Tunesië (23,4%) en Egypte (18,4%). De bruto-investeringen in vaste activa per hoofd in Noord-Afrika onder de leiders: Libië ($2.689,9), Algerije ($795,6), Tunesië ($740,8), Marokko ($612,3) en Egypte ($274,2). De groei van de investeringen in vaste activa onder de leiders: Algerije (7,8%), Libië (7,4%), Marokko (7,3%), Egypte (5,2%) en Tunesië (3,7%).

de jaren 2010

De investeringen in vaste activa van Noord-Afrika bedroeg in de jaren 2010 US$170,8 miljard per jaar, en was vergelijkbaar met de Nederland (US$169,3 miljard), Saoedi-Arabië (US$168,4 miljard). Het aandeel in de wereld was 0,89%, en 33,2% in Afrika.

Het aandeel van de investeringen in vaste activa in het BBP van Noord-Afrika was 24,0% in de jaren 2010, en was vergelijkbaar met Venezuela (24,0%), de Britse Maagdeneilanden (23,9%), Saoedi-Arabië (24,0%).

De bruto-investeringen in vaste activa per hoofd in Noord-Afrika was $771,6 in de jaren 2010s. De investeringen in vaste activa per hoofd in Noord-Afrika was in 3,4 keer lager dan de investeringen in vaste activa per hoofd van de bevolking in de wereld ($2.621,1), en was 75,2% hoger dan de investeringen in vaste activa per hoofd van de bevolking in Afrika ($2.621,1).

De groei van de investeringen in vaste activa in Noord-Afrika bedroeg 2.2% in de jaren 2010, en was vergelijkbaar met Letland (2,2%), de Centraal-Afrikaanse Republiek (2,2%). De groei van de investeringen in vaste activa in Noord-Afrika (2,2%) was minder dan de groei van de investeringen in vaste activa in de wereld (4,1%), was minder dan de groei van de investeringen in vaste activa in Afrika (3,1%).

Vergelijking met subregio's. De investeringen in vaste activa van Noord-Afrika was 42,1% groter dan in West-Afrika (US$120,2 miljard), 2,1 keer groter dan in Oost-Afrika (US$82,9 miljard), 2,2 keer groter dan in Zuidelijk Afrika (US$78,4 miljard) en 2,7 keer groter dan in Centraal-Afrika (US$62,2 miljard). De investeringen in vaste activa per hoofd in Noord-Afrika was in Noord-Afrika88,9% groter dan in Centraal-Afrika (US$408,5), 2,2 keer groter dan in West-Afrika (US$345,5) en 3,6 keer groter dan in Oost-Afrika (US$215,7); maar 38,5% minder dan in Zuidelijk Afrika (US$1.254,8). De groei van de investeringen in vaste activa in Noord-Afrika was groter dan in Zuidelijk Afrika (1,2%) en in Centraal-Afrika (-0,89%); maar minder dan in Oost-Afrika (10,4%) en in West-Afrika (2,9%).

Leiders. De bruto-investeringen in vaste activa van Noord-Afrika in de jaren 2010 bestond uit: Algerije (40,0%), Egypte (23,7%), Marokko (18,5%), Libië (6,7%), Soedan (5,8%), en andere (5,2%). Het aandeel van de investeringen in vaste activa in BBP van de leiders: Algerije (37,2%), Marokko (29,8%), Libië (25,6%), Egypte (15,3%) en Soedan (14,1%). De bruto-investeringen in vaste activa per hoofd in Noord-Afrika onder de leiders: Libië ($1.780,7), Algerije ($1.733,4), Marokko ($918,4), Egypte ($443,5) en Soedan ($257,7). De groei van de investeringen in vaste activa onder de leiders: Algerije (4,9%), Egypte (3,1%), Marokko (2,8%), Soedan (-3,2%) en Libië (-9,2%).